Hans Bender – Hermann Lenz
Anfänge sind schön
Briefwechsel 1953–1994

D1721456

Hans Bender – Hermann Lenz

Anfänge sind schön

Briefwechsel 1953–1994

Herausgegeben von
Hans Georg Schwark und Walter Hörner

Rimbaud

Inhalt

Vorwort

«Ich kenne ihn seit 1951. Er kam zum ersten Mal mit V. O. Stomps ins Büro, wo ich für Kulturbund und Schriftstellerverband nicht besonders engagiert wirkte. Seitdem hat er immer wieder etwas von mir gedruckt» schreibt Hermann Lenz am 2. September 1974 an Peter Handke. Hans Bender ist gemeint, der ihn gebeten hatte, seinen Wunsch nach einem Manuskript für die «Akzente» an Peter Handke zu übermitteln.

Es ist einer der wenigen Hinweise auf die jahrzehntelange freundschaftliche Beziehung zwischen Hermann Lenz und Hans Bender. Weder in den neun autobiographischen Eugen-Rapp-Romanen von Hermann Lenz noch in den Aufzeichnungen von Hans Bender sind Spuren ihrer langdauernden Verbindung aufzufinden. Erst spät, in den 90er Jahren, erinnert Hans Bender Hermann Lenz zum 80. Geburtstag mit seinem Aufsatz «Anfänge sind schön» an vergangene Zeiten: «Ich nahm Sie jedesmal mit, d.h. bewies meine Anhänglichkeit, indem ich Sie zur Mitarbeit einlud.» Gemeint sind die «Konturen», die «Akzente», der «Jahresring», die «Deutsche Zeitung.» Ein Jahr später revanchiert sich Hermann

Lenz zum 75. Geburtstag Hans Benders mit der Würdigung: «Ehrlich ist er»: «… auf den kannst du dich verlassen, sagte ich zu mir und wurde bis heute in dieser Meinung bestätigt». (Beide Texte finden sich im Buch nach den Briefen.)

Und es bleiben die Briefe, gewechselt von 1953 bis 1994, die davon Zeugnis ablegen. Sie erzählen auch vom kurzlebigen Verlagswechsel zu Luchterhand, dessen damaliger Cheflektor Heinz Schöffler ein Freund Hans Benders aus Schulzeiten war oder wie Hermann Lenz beinahe Hanser-Autor geworden wäre, wenn Peter Handke und Siegfried Unseld nicht rascher gehandelt hätten. So kam nicht nur der neueste Roman von Hermann Lenz zu Insel und Suhrkamp, sondern das gesamte bisher erschienene Werk.

«Meine Briefe sind keine Briefe, die etwas auseinandersetzen. Ich sage zu, ich lehne ab» stellt Hans Bender lakonisch 1971 in seinen «Aufzeichnungen einiger Tage» fest. Ihm, dem Herausgeber von Zeitschriften und Anthologien, eine Zeitlang dazu noch Feuilletonleiter einer Tageszeitung, fehlen einfach Zeit und Muße für eine ausführlichere Korrespondenz. Aber die Schriftsteller, die er schätzt und bewundert und von denen er glaubt, sie ständen zu Unrecht im Schatten, will er fördern mit Veröffentlichungen. Und zu ihnen gehört von

Anfang an Hermann Lenz. Der dankt es ihm mit Briefen, sorgfältig nach Entwürfen abgefasst, die Hans Bender besonders erfreuten, sah er sich doch nicht nur als Förderer und Herausgeber geschätzt sondern als Schriftstellerkollege, dessen Kurzgeschichten Hermann Lenz bewunderte. So schreibt er ihm am 8. 5. 1958: «Sie wissen vielleicht nicht, was Ihre Arbeiten für mich bedeuten. Sie sind mir wichtiger als vieles andere, weil Ihr Gemütsklima mir vertraut ist, weil Ihre Sätze hieb- und stichfest sind …» Und Hans Bender? Dreißig Jahre später, am 4. April 1988, bei der Lektüre von «Seltsamer Abschied», unterstreicht er Sätze, «weil sie schön sind, weil sie etwas sagen, dem ich zustimme.»

Diese Edition enthält alle erhaltenen Briefe. Einige wenige Verluste sind wohl entstanden durch vielfachen Wohn- und Ortswechsel sowie den Einsturz des Historischen Archivs der Stadt Köln im Jahr 2009.

Hans Georg Schwark

[1] Lenz an Bender

Lieber Herr Bender,

Ihr Brief hat mir Freude gemacht und ich danke herzlich dafür. Heute schicke ich Ihnen meine zwei Manuskripte, «Die Marmorbüste im Sumpf»[1] und «Film der Erinnerung». Wenn Sie eines davon für die «Konturen» gebrauchen können, würde ich mich sehr freuen; Sie dürfen natürlich meine Schreiberei umändern, falls Ihnen das notwendig erscheint, und wenn Sie glauben, dass sie für die «Konturen» nicht passt, bin ich auch nicht gekränkt. Ich weiß nämlich gut, wie schwer es ist, auf drei Schreibmaschinenseiten etwas Lesenswertes auszudrücken, und bewundere daher Ihre Arbeiten, die ich inzwischen alle – soweit sie mir erreichbar waren – gelesen habe. Vorgestern bekam ich auch die letzte Nummer der «Kultur» mit «Iljas Tauben».[2] Dabei habe ich mich gefragt: warum gibt Herr Bender so etwas Ausgezeichnetes einer Zeitschrift, wenn er dafür bei einem Erzählerwettbewerb einen Preis bekommen könnte? Das wäre nämlich sicher der Fall. Ferner muss sich Hans Bender auf den Hintern setzen und einen Roman schreiben, der in der Gegenwart und in der jüngsten Vergangenheit spielt! Tut er das, so ist er morgen ein gemachter Mann.

Dass Sie «Das stille Haus» goutieren können, hat mich sehr gefreut. Ach, diese harmlose Geschichte kommt mir neben Ihren Arbeiten recht bescheiden vor in ihrer Naivität und Verträumtheit. Außerdem ist sie unzeitgemäß, altmodisch, und die moderneren, intellektuellen Literatur-Hyänen grinsen sich eins, wenn sie sie lesen. Darum ist es sehr wohltuend für mich, zu erfahren, dass Sie Gefallen daran finden, und am liebsten würde ich Ihnen heute gleich «Das doppelte Gesicht»[3] (mein zweites Buch) schicken; aber ich habe im Augenblick kein Exemplar mehr da, weil ich das einzige, das ich besitze, ausgeliehen habe.

Dass in Ihren «vier stories»[4] die Gegenwart so gestaltet ist wie bei keinem modernen deutschen Autor Ihrer Generation, das wissen Sie hoffentlich längst.

Bitte, besuchen Sie mich einmal wieder, wenn Sie hierherkommen; wir müssen dann gemütlich zusammensitzen. Grüßen Sie bitte Herrn Stomps[5]. Wenn mir sein Gerätsel begegnet und ich will mich über ihn ärgern, sage ich mir die Verse vor: «Quer Kopf Qu – quaken und quieken und quatschest du». Oder bei anderen Gelegenheiten: «Saloppes S, St, Sceha – Schiller und Stomps und Seneca». Das «Artistische Alphabet» besänftigt mich in jeder Lebenssituation!

Mit herzlichen Grüßen und allen guten Wünschen
                                        Ihr Hermann Lenz

[2] Bender an Lenz

Sehr geehrter Herr Lenz, ich habe Ihre Erzählung «Die Marmorbüste im Sumpf» in das nächste Heft der K. aufgenommen. Schicken Sie mir umgehend Ihre Autorennotiz. – Verzeihen Sie bitte, wenn ich keinen vernünftigen Antwortbrief schreibe. Meine Niedergeschlagenheit fand ihre Bestätigung in einem Unfall. Mit genähtem Kopf und wunden Beinen humple ich im Zimmer umher – sobald ich kann, komme ich mal nach Stuttgart.

Mit allen guten Wünschen – sehr herzlich
Ihr Hans Bender

[3] Lenz an Bender

Stuttgart-N, 17. April 53

Sehr geehrter Herr Bender,
Ihre Unfallgeschichte ist gar keine gute Nachricht, und ich hoffe, dass Sie bald wiederhergestellt sind. Sehr erfreulich war hingegen Ihre Mitteilung, dass Sie meine kleine Erzählung in der nächsten Nummer der «Konturen» bringen werden; meine Sympathie für diese Zeitschrift gilt ihrem Inhalt und ihrer äusseren Form. Die Autorennotiz liegt bei. Ändern Sie bitte ab, wenn Ihnen dies notwendig erscheint.
Hoffentlich sehen wir uns bald. Mit herzlichen Grüssen
Ihr Hermann Lenz

Hermann Lenz, 1913 in Stuttgart geboren. Studium der Kunstgeschichte, Germanistik und Archäologie. 1940–1946 Soldat (Obergefreiter); Frankreichfeldzug, Russland und im Westen, ein halbes Jahr Kriegsgefangener in U.S.A.
Veröffentlichungen:
1936 «Gedichte» bei Ellermann, Hamburg
1947 «Das stille Haus», Erzählung, Deutsche Verlags-Anstalt, Stuttgart, 2. Auflage 1952

1949 «Das doppelte Gesicht», drei Erzählungen, Deutsche Verlags-Anstalt, Stuttgart

1952 «Die Abenteurerin» Erzählung, Deutsche Verlags-Anstalt, Stuttgart

Einige Beiträge in Zeitschriften und Tageszeitungen.
Lebt in Stuttgart als Büroangestellter

[4] Bender an Lenz

Heidelberg, den 12. Mai 1953

Sehr geehrter Herr Lenz,

entschuldigen sie bitte, wenn ich Ihnen erst heute mit-
teile, dass ich an der Frühjahrsversammlung[1] des Verbandes nicht teilnehmen kann. Ich bin zur Schriftstel-
lertagung[2] in Paris eingeladen u. fahre am kommenden
Sonntag, deshalb wüsste ich nicht, wie ich beides, finanziell und zeitlich, schaffen soll. Anfang Juni komme
ich mal privat nach Stuttgart u. erhoffe mir mehr von
einem Zwiegespräch.

Die KONTUREN VI (mit Ihrer Erzählung) sind im
Druck.

Herr Stomps ist schwer erkrankt. Grosse Sorgen um
die Weiterführung unserer Pläne…

Alle guten Wünsche für Ihre Arbeit,

Ihr ergebener Hans Bender

[5] Bender an Lenz

AKZENTE ZEITSCHRIFT FÜR DICHTUNG
Schriftleitung: Frankfurt am Main, Auf der Körnerwiese 19 · Verlag:
Carl Hanser

HEIDELBERG, Möwenweg 1, 28. 4. 54

Herrn
Hermann Lenz
Stuttgart-N
Birkenwaldstr. 203

Sehr geehrter Herr Lenz!

Entschuldigen Sie vielmals wenn ich Ihnen erst heute
auf Ihre Erzählung, auf Ihren Brief an Herr Dr. Höllerer[1] und auf Ihre Grüße, die Herr Dr. Schöffler[2] über-
bracht hat, antworte. Die beiden Nummern der «Akzente» haben anscheinend alle Dichter und Dichterlinge
Westdeutschlands und Westeuropas angeregt, ihre Manuskripte aus der Schublade zu nehmen. So kommt es,
daß gerade die Briefe am Längsten liegen, die eine ein-
gehende Beantwortung fordern, beziehungsweise, die
ich persönlich beantworten möchte. In all diesen Pflicht-

briefen als Redakteur, darf man auch nicht immer die Wahrheit sagen. Sie wissen, wie sehr ich Sie schätze und wie sehr ich die melancholischen Bilder und Worte Ihrer Erzählungen liebe.

«Der schlafende Vogel» hat Herrn Dr. Höllerer nicht angesprochen. Ich würde sie bringen. Doch haben wir gleich zu Anfang unserer Zusammenarbeit vereinbart, daß wir uns in der Auswahl einig sein wollen. Es bleibt mir also nichts anderes übrig, als Sie nochmals um eine Erzählung zu bitten. Sie sehen auch, für wie fruchtbar ich Sie halte. Sollten Sie jedoch keine Erzählung verfügbar haben, will ich sehen, daß wir zwei Gedichte von Ihnen bringen. Das Gedicht, «Fund im Acker», zum Beispiel halte ich für völlig geglückt.

Es wäre wirklich notwendig, daß ich wieder einmal nach Stuttgart komme. Ich denke, Ende des Monats Mai klappt es wirklich. Ich werde mir dann erlauben, Sie zu besuchen. Was macht die Arbeit beim Schriftstellerverband? Wann ist die nächste Tagung, beziehungsweise Preisverteilung?

Mit sehr herzlichen Grüßen und Empfehlungen für Ihre Frau, bin ich Ihr ergebener

Hans Bender

[6] Bender an Lenz

AKZENTE ZEITSCHRIFT FÜR DICHTUNG
Schriftleitung: Frankfurt am Main, Auf der Körnerwiese 19 · Verlag: Carl Hanser

HEIDELBERG, Möwenweg 1, 15. 7. 54

Herrn
Hermann Lenz
Süddeutscher Schriftsteller-Verband
Stuttgart-S
Charlottenplatz 17/II

Lieber Herr Lenz!

Erschrecken Sie bitte nicht, wenn von mir ein Couvert mit Manuskripten kommt. Wünschten Sie doch selber, daß Ihre Gedichte vorerst nicht veröffentlicht werden. Sie sind zu bescheiden! Ihre Erzählung «Das Oleanderblatt»[1] hat Herrn Dr. Höllerer und mir sehr gefallen. Sie können sie als fest angenommen betrachten. Ich kann mir sehr wohl vorstellen, daß sie gut in unser November-Heft paßt.

Mein Wunsch nach Stuttgart wird sich nun hoffentlich bald erfüllen lassen. Zu gerne möchte ich mich mit

Ihnen wieder einmal unterhalten und Ihnen von all meinen persönlichen, schriftstellerischen und redaktionellen Schwierigkeiten erzählen. Behalten Sie mich in guter Erinnerung, wie ich Sie immer in guter Erinnerung habe. Grüßen Sie Ihre Frau,

Ihr

Hans Bender

[7] Lenz an Bender

Hermann Lenz

Stuttgart-N, 11. Juli 56
Birkenwaldstr. 203

Herrn
Hans Bender
<u>Heidelberg-Pfaffengrund</u>
Möwenweg 1

Lieber Hans Bender,

darf ich Ihnen zwei «Kleinkinder» meiner Muse vorstellen?

«Die Tote im Schnee» ist das erste Kapitel einer 110 Seiten langen Geschichte, und da der Süddeutsche Rundfunk den Ausschnitt im November senden will, wage ich es, Sie damit bekanntzumachen. Ganz schlecht kann das Ding also wohl nicht sein, sonst hätten sie es nicht angenmommen, denke ich.

Anders steht es um «Die Muse»[1]. Mit ihr wage ich eine Kühnheit, die ich mir selbst kaum zutraue. Niemand ausser mir weiss etwas von ihrer Existenz, und drum werde ich das peinliche Gefühl nicht los, ich hätte einen greulichen Bastard ans Licht des Papiers gebracht. Nun, selbstbewusst und eingebildet wie ich bin, führe ich Ihnen das Mondkalb vor und bitte um Ihr schonungsloses Urteil.

Ihre Karte aus Vézelay hat mich sehr erfreut. Ein Zeichen des Gedenkens, wenn man sich wie ein Waggon fühlt, der zur Verschrottung auf einem toten Geleise abgestellt wurde, tut besonders wohl.

Für Ihre Stuttgarter Lesung habe ich inzwischen mehrmals die Trommel gerührt. Ihre Adresse wurde von dem zuständigen Bibliothekar notiert, doch finden im Sommer keine Veranstaltungen statt. Der Reigen wird erst im Winter wieder eröffnet. Aber von September ab werde ich noch einmal für Sie Reklame machen.

Im August hoffe ich in Urlaub fahren zu können. Zunächst an den Walchsee, dann für eine Woche nach Wien. Über zwanzig Jahre lang wünsche ich mir, diese Stadt zu sehen, die einmal «Die Stadt meiner Träume»[2] gewesen ist. Fängt nicht ein Schlager so an? Na, sehen Sie… ich kann mir halt die Selbstironie nicht abgewöhnen.

Bitte, grüssen Sie Herrn Dr. Höllerer herzlich und denken Sie auch nach der näheren Bekanntschaft mit meinen «Kleinkindern» noch freundlich von mir. Ich Wünsche Ihnen alles Gute

Ihr

Lenz

[8] Bender an Lenz

Sehr geehrter Herr Lenz,

vielen Dank für die Übersendung Ihrer beiden Manuskripte «Die Tote im Schnee» und «Die Muse». Die Geschichte «Die Muse» möchten wir gern in den AKZENTEN abdrucken. Sie gefällt uns sehr gut. Freilich wird es vor dem ersten Heft des neuen Jahrgangs (1957) kaum möglich sein, sie einzuschieben. Wir hoffen, dass Ihnen der Termin nicht zu spät liegt.

Mit freundlichen Grüssen Ihr
                    Hans Bender

[9] Lenz an Bender

Lieber Hans Bender,

gestern abend erfuhr ich, dass Sie am 1. November hier lesen[1] werden. Ich habe mich sehr darüber gefreut und möchte Ihnen heute rasch sagen, dass Sie bei mir übernachten können. Wir würden Sie, falls es Ihnen so passt, am 1. November nachmittags erwarten.

Mit herzlichen Grüssen

Ihr Hermann Lenz

[10] Bender an Lenz

Lieber Hermann Lenz,

ich will nicht versäumen, Ihnen, zuhause angekommen, zu schreiben, zu danken für die freundliche Aufnahme unter Ihrem Dach. Ja, ich habe mich sehr wohlgefühlt. Und Ihrer lieben Frau Dank, für das vorzügliche Abendessen auch.

Meine Wohnung[1] trocknet allmählich. Jeden Tag kommt etwas hinzu. Der Gasanschluss, die Türklingel, das Flurlicht, dass ich hoffen kann, an Weihnachten ist es ganz gemütlich. (Auch das gehört dazu, um arbeiten zu können!)

Mit guten Wünschen, herzlichen Grüssen für Ihre Frau + Sie

Ihr Hans Bender

[11] Lenz an Bender

Lieber Hans Bender,

beiliegende Geschichte «Das Glasröhrchen»[1] habe ich in den letzten Monaten geschrieben. Vielleicht können Sie sie für die AKZENTE gebrauchen.

Ich weiss natürlich, dass sie nicht so gut ist wie die Ihre[2], die ich am Samstag in der Süddeutschen Zeitung las und die ich mir ausgeschnitten habe. Die in Ihren Arbeiten lebendige Sensibilität berührt mich immer besonders stark und ich wünsche mir, den Menschen zu begegnen, die Sie darstellen. Wer kann bei uns das Lebensgefühl junger Menschen so intensiv fühlbar machen wie Sie? Ich wüsste niemand. Bitte, entschuldigen Sie diese linkischen Worte. Es fällt mir schwer, Ihnen dies zu sagen und zugleich ein Manuskript ins Couvert zu legen. Hoffentlich wissen Sie, dass ich nicht denke: wenn ich ihn lobe, muss er mich drucken («do ut des» sagt der Lateiner.)

Mit herzlichen Grüssen

Ihr Hermann Lenz

[12] Lenz an Bender

Lieber Hans Bender,

Sie bringen also meine Geschichte in den «Akzenten». Das ist sehr erfreulich, ich danke Ihnen.

Sie wissen vielleicht nicht, was Ihre Arbeiten für mich bedeuten. Sie sind mir wichtiger als vieles andere, weil Ihr Gemütsklima mir vertraut ist, weil Ihre Sätze hieb- und stichfest sind, wie geschmeidige Lederwesten für das verletzliche Herz.

Herzlich

Ihr Hermann Lenz

[13] Lenz an Bender

Hermann Lenz   Stuttgart-N, 20. 6. 58
                                      Birkenwaldstr. 203

Lieber Hans Bender,

                          nein, Sie bezahlen nichts!
Ich muss Ihnen energisch widersprechen; 63.– DM können Sie bei dem lächerlichen Salär, das Ihnen Hanser
zahlt, nicht an den Verband überweisen. Auf der letzten
Arbeitsausschuss-Sitzung habe ich das Hanser-Gehalt
genannt, und alle Anwesenden schüttelten die Köpfe.
Kasack[1] sagte: «Das ist ja unmöglich!» Er war entsetzt.
Sein «unmöglich» galt der unverständlichen Knauserigkeit Ihres Verlegers.

Legen Sie sich also bitte des Verbandes wegen nicht
krumm. Finanziell geht's uns gegenwärtig «lausig», um
ein Wort Grillparzers zu zitieren, aber das muss und
wird sich ändern. Die Mahnungen mussten abgesandt
werden, damit uns später nicht der Vorwurf gemacht
werden kann: Ihr habt ja nie energisch genug gemahnt!

Wir denken oft an Ihren Besuch zurück und freuen
uns auf ein Wiedersehen.

Herzliche Grüsse auch von meiner Frau
Ihr Hermann Lenz

[14] Bender an Lenz

Lieber Hermann Lenz,
der letzte Brief hat mich doch etwas erschreckt, und so habe ich rasch DM 20.– an den Verband geschickt. Hatte ich Ihnen mein A.-Honorar einmal genannt? Ja, es ist nicht hoch, u. das Leben ist während der 5 Jahrgänge teurer geworden. Trotzdem fürchte ich, so eine Klage könnte Dr. Hanser zu Ohren kommen. Sie wissen, die literarische Buschtrommel. (z. Zt. ist das Verhältnis A.-Verlag gut). Ich schicke im Juli wieder DM 20.–, dann komme ich langsam hin.

Erst am Samstag bei Höllerer erfuhr ich, dass Ihre Frau[1] bei Klett ist, und das sie mir den Brief wegen Morin schrieb. Hätte ich's gewusst, hätte ich nicht nur mit der dürren Karte geantwortet. Bitte, sagen Sie es ihr, dass ich es nicht gewusst habe. Heute kamen die Korrekturabzüge[2]. Ende nächster Woche werde ich die Rezension schicken. Ich glaube nicht, dass es schwer ist, das Buch durchzusetzen. Das Filminteresse ist gross. Habe ich nichts vergessen?
Viele herzliche Grüße!
                                        Ihr Hans Bender

HANS BENDER

MANNHEIM-ALMENHOF
Steubenstraße 11
Telefon 431 12

26. Juni 58

Lieber Hermann Lenz,

der letzte Brief hat mich doch etwas erschreckt, und so habe ich rasch DM 20. – an den Verband geschickt. Habe ich Ihnen mein A. – Honorar einmal genannt? Ja, es ist nicht hoch, u. das haben sie während der 5 Jahrgänge teurer geworden. Trotzdem finde ich, so eine Klage könnte Dr. Hohner zu Ohren kommen. Sie wissen, die literarische Buschtrommel. (z. Zt. ist das Verhältnis A. – Verlag gut). Ich schicke im Juli wieder DM 20. –, dann komme ich langsam hin.

Erst am Samstag bei Höllerer erfuhr ich, daß Ihre Frau bei Klett ist, und daß sie mir den Brief wegen Morin schrieb. Hätte ich's gewußt, hätte ich nicht nur mit der dürren Karte geantwortet. Bitte sagen Sie es ihr, daß ich es nicht gewußt habe. Heute kommen die Korrekturabzüge, Ende nächster Woche werde ich die Rezension schicken. Ich glaube nicht, daß es schwer ist, das Porträt durchzudrücken. Das Film-Interesse ist groß. Habe ich nichts vergessen?

Viele herzliche Grüße!

Ihr
HANS BENDER.

[15] Lenz an Bender

Hermann Lenz   Stuttgart-N, 29. 6. 58
                                Birkenwaldstr. 203

Lieber Hans Bender,

       die literarische Buschtrommel – ein
bemerkenswerter Vergleich! Ausser K. waren bei der
Sitzung keine Buschtrommler. Er selbst ist gleich am
nächsten Tag mit Frau, Sohn, Schwiegertochter und
Enkel für drei Wochen in Urlaub gefahren. Vorgestern
rief er mich an und sagte: «Es geht mir nicht gut. Bitte,
rufen Sie mich nicht an.» Hoffentlich halten ihn andere
Schwierigkeiten davon ab, zu trommeln. Wenn es Ihnen
recht ist, werde ich ihn durch ein Briefchen bitten, das
Gehalt nicht zu nennen, um Hanser nicht zu verärgern.
Ich habe ausser auf dieser Sitzung nirgends getrommelt.
Nicht einmal bei meiner Frau. Aber als die Herren im
Büro zusammensassen und die Liste durchsprachen
(«Was, Bender hat Schulden? Der hat doch Geld!»)
sagte ich, dass das nicht stimme, und nannte das Gehalt.
Ich binde mir sowieso immer das Maul zu; es ist mir arg
peinlich, dass ich gerade in Ihrem Fall, um zu helfen,
die Binde abnahm. Seien Sie mir bitte nicht böse. Soll
ich K. schreiben, ich hätte mich getäuscht, Sie könnten

zahlen? Ich glaube, er schweigt, wenn ich ihn darum bitte, weil er weiss, dass er oft zu offenmundig war, Verzwickte Situation.

Meine Frau grüsst Sie herzlich. Oh nein, sie hat die Karte nicht übelgenommen, was denken Sie! Über Sie können wir beide uns gar nicht ärgern. Dazu haben wir Sie viel zu gern! Wann sehen wir uns wieder?

Herzliche Grüsse

Ihr

Hermann Lenz

Verzeihen Sie mir bitte die Schreibmaschine. Aber ich fürchte, Sie können mein Gekritzel nicht lesen. Ich schreibe ja immer noch gotisch, wie ich's 1919 zu lernen angefangen habe.

[16] Bender an Lenz

Mannheim-Almenhof, 6. Juli 58

Lieber Hermann Lenz,

muss ich also nochmal wegen der leidigen Geschichte schreiben. Lassen wir die Sache laufen, schliesslich kann ich ja irgendwo einmal äussern – oder darf man das nicht? – wieviel Honorar ich erhalte. (DM 250.–) Es wäre natürlich höher, wenn die Zeitschrift monatlich erscheinen würde. Vielleicht haben Sie schon gesehen, dass ich für die Deutsche Zeitung u. Wirtschaftszeitung[1] nun fleissig Buchbesprechungen schreibe, u. Herr Schwedhelm[2] hat mir nun auch Bücher für eine Sendung geschickt.

Es wird schon weiter gehen, u. nächste Woche schicke ich die 2. Rate!
Herzliche Grüße

Ihres Hans Bender

[17] Lenz an Bender

Stuttgart-N, 6. 8. 58

Lieber Hans Bender,

ich habe ihnen noch nicht für Ihren bekümmerten Brief bedankt. Ich glaube, Sie brauchen sich keine Sorge zu machen, denn durch die Arbeitsausschussmitglieder wird das Hanser-Honorar nicht bekannt; auf 250.– DM wird Ihnen sowieso keiner neidisch sein. Heut kann ich Ihnen inoffiziell und höchst geheim eine erfreuliche Mitteilung machen: wir haben Sie als Stipendiaten für die Villa Massimo[1] vorgeschlagen. Wir werden alles daransetzen, Sie durchzubringen und hoffen, dass es uns gelingt.

Herzliche Grüsse

Ihr Hermann Lenz

[18] Lenz an Bender

17. 11. 58

Lieber Hans Bender,

kürzlich war ich bei Heinz Schöffler, der mich einen Verlagsvertrag unterschreiben liess und zur Büchnerpreis-Verleihung an Max Frisch[1] mitnahm. Mein Buch soll also im nächsten Jahr bei Luchterhand unter dem Titel «Der russische Regenbogen»[2] erscheinen. Die Geschichte «Das Glasröhrchen», die Sie für die AKZENTE angenommen haben, ist ein Ausschnitt aus dieser Arbeit. Wollen Sie in den Anmerkungen darauf hinweisen? Heinz Schöffler wünschte, dass ich's Ihnen schriebe.

Herzliche Grüße, auch an Herrn Dr. Höllerer, von meiner Frau und mir Ihr

Hermann Lenz

[19] Bender an Lenz

HANS BENDER

MANNHEIM-ALMENHOF
Steubenstraße 11
Telefon 4 31 12
22. 11. 58

Lieber Hermann Lenz,

Dank für Ihre Karte vom 17. 11. mit der erfreulichen Nachricht – für Sie! Ich habe Ihren Wunsch gleich an Höllerer weitergegeben. Ich werde mich einsetzen, daß Ihre Geschichte im ersten oder zweiten Heft des nächsten Jahrgangs erscheint. Die Verzögerung hat nun den Vorteil, daß wir in der biographischen Notiz gleich auf das Erscheinen Ihres Buches hinweisen können.

Es freut mich sehr, daß die Bekanntschaft mit Schöffler sich so günstig auswirkt. Das ist selten, und solche Freundschaften nutzen trotzdem nichts, wenn die Sache nichts taugt. Das «Glasröhrchen» ist eine gute Geschichte, und hoffentlich steht im Roman auch jenes Stück von der russischen Partisanin im Schnee, das mir noch ganz gegenwärtig ist. Sicher wird Sie die Veröffentlichung noch zu weiteren (dickleibigen) Büchern anregen.

Ihrer lieben Frau und Ihnen herzliche Grüße!

Ihr Hans Bender

HERMANN LENZ

DER RUSSISCHE REGENBOGEN

ROMAN

[handschriftliche Widmung, unleserlich]

10.6.59

HERMANN LUCHTERHAND VERLAG

Für Hans Bender
ohne den dieses Buch nicht geschrieben worden wäre

[20] Lenz an Bender

Stuttgart-N, 24. 11. 58

Lieber Hans Bender,

Ihr Brief hat mir Freude gemacht, haben Sie herzlichen
Dank dafür. Dass Sie sich noch an meine Geschichte
mit der Partisanin erinnern, hat mir wohlgetan, aber sie
steht nicht im Buch; sie wartet immer noch auf ihre
Erweckung, obwohl ich sie, seit ich sie Ihnen sandte,
mehrmals zu beschwören versuchte. Man muss halt
Geduld haben nach dem Fontane'schen Motto: «Es
muss sich dir von selber geben.» Was Schöffler drucken
lässt, wird hoffentlich 180–200 Druckseiten geben. Ich
habe die Arbeit gerne geschrieben, nachdem Sie und
Höllerer «Das Glasröhrchen» für gut befanden. Es ist
die Fortsetzung des «Glasröhrchens». Letzthin ver-
danke ich also nur Ihnen diesen Glücksfall, denn durch
Sie lernte ich Schöffler kennen, Ihr Zuspruch ermunterte mich zum Schreiben, und Ihre Arbeiten stehen mir
von allen zeitgenössischen am nächsten, weil sie echt
sind, ehrlich, ohne Künstelei.

Schöffler habe ich immer abgeraten, etwas von mir
zu drucken, weil ich dasselbe dachte wie Sie. Aber er

überzeugte mich freundlicherweise, und ich bin ihm sehr dankbar dafür. Dickleibiges werde ich leider kaum zustande bringen. Es ist halt wie in der Schule: Ich war ein schlechter, ein sehr schlechter und schließlich mit Ach und Weh ein mittelmäßiger Schüler. Zu mehr reicht's bei mir auch jetzt wohl kaum. Wenn ich nur versetzt werde, dann bin ich schon zufrieden. Die Literatur ist halt ein Laster, das man nicht lassen kann. Und was sollte man anderes sein? Schließlich bin ich 45 Jahre alt.

Herzlich Ihr Hermann Lenz

[21] Bender an Lenz

AKZENTE ZEITSCHRIFT FÜR DICHTUNG
Schriftleitung: Frankfurt am Main · Arndtstraße 25 · Telefon 77 77 62

Mannheim-Almenhof
Steubenstraße 11
Telefon 4 31 12

20. 1. 59

Lieber Hermann Lenz,
vorige Woche war ich in Stuttgart und wollte Sie aufsuchen, aber die Zeit reichte nicht. Ich hole aber den Besuch bestimmt bald nach. Der Abdruck im ersten Heft ist nun sicher. Das Heft erscheint etwa 15. Februar, also mal wieder verspätet.

Am Sonntag war Heinz Schöffler hier und hat u.a. von Ihrem Roman erzählt. Ich freue mich sehr darauf. Beitrag ist auch bezahlt.

Ihnen herzliche Grüße!
Ihr
Hans Bender

[22] Lenz an Bender

Hermann Lenz   Stuttgart-N, 23. 1. 59
                                Birkenwaldstr. 203

Lieber Hans Bender,

herzlichen Dank für Ihren Brief und für die Nachricht, dass Sie meine Geschichte im Februarheft bringen. Das ermuntert mich.

Ich las Ihre Geschichte[1] in der Süddeutschen Zeitung und dachte wieder einmal: Der Bender ist halt doch der einzige von uns, der Menschen schildern kann. «Die Wallfahrt»[2] im MERKUR werde ich mir über Sonntag einverleiben.

Was mein Buch betrifft, so fürchte ich mich am meisten vor den Kritikern. Sicherlich kann ich's keinem von ihnen recht machen. Und dass mir bis zum Sommer ein dickeres Fell gewachsen ist, das Püffe und Kniffe besser aushält, das dürfte unwahrscheinlich sein. Auch ich werde natürlich so tun, als mache mir nichts etwas aus. Jaja, entschwunden sind die seligen Zeiten, als man von dem ganzen Schwindel noch keine Ahnung hatte… Aber trotzdem!

Ich freue mich sehr, wenn Sie mich besuchen. Hoffentlich bald. Mit herzlichen Grüßen Ihr Hermann Lenz

[23] Bender an Lenz

HANS BENDER   MANNHEIM-ALMENHOF
                               Steubenstraße 11
                               Telefon 4 31 12
                               29. 1. 59

Lieber Hermann Lenz,

das ist der Fluch des Südweststaates! Der Schreiber beiliegenden Briefes hält mich wahrscheinlich für einen Schwaben! Ich will und kann ihm nicht helfen. Erstens ärgern mich Leute, die eine Anthologie machen, ohne die Voraussetzungen mitzubringen, zweitens kenne ich mich landsmannschaftlich im Schwäbischen so gut nicht aus. Möchten Sie antworten? Wenn nicht, können Sie ihn gern mir zurückschicken.

Für Ihren Brief herzlichen Dank. Heute las ich den Umbruch der AKZENTE. Die Geschichte ist drin, nur hat Herr H. den Hinweis auf den Roman vergessen. Ich werde ihm mit gleicher Post schreiben. Das Heft 1 ist nach meiner Meinung eines der besten, das wir bisher gemacht haben. Sie stehen zwischen Ruth Rehmann[1] und Enrique Beck[2].

Mit herzlichen Grüßen
Ihr Hans Bender

[24] Lenz an Bender

Hermann Lenz   Stuttgart-N, den 4. 2. 59
                                        Birkenwaldstr. 203

Lieber Hans Bender,

        an Herrn Thomas Olten[1] werde ich schreiben.
Ich kann ihm aber nur alle mir bekannten schwäbischen
Autoren alphabetisch aufzählen, weil ich mir als Befan-
gener kein Werturteil erlauben darf; dass ich meinen
eigenen Namen dabei nennen muss, zwickt mich jetzt
schon, aber verschweigen, dass ich kein «schwäbischer
Autor» bin, das mag ich auch nicht. Ich werde also,
sanft grinsend, einen diplomatischen Schrieb «pumice
expolitum» aufsetzen und denken: Ich bin gespannt,
was für ein Anthologie-Komposthaufen zustande-
kommt … Psst… psst… was schreibe ich da!
    Ich freue mich sehr aufs neue Heft, in dem ich mich
wieder einmal in bester Gesellschaft befinde.
    Ihre «Wallfahrt» hat mir sehr gut gefallen. Ich über-
lege oft, ob das jetzt «Realismus» ist, was Sie machen,
und glaube, es ist das Gegenteil. Dazu sind die Szenen
zu transparent. Bei der Lektüre entsteht jenes Gefühl
von «Vorübergehen», das mich immer an das Wort von

Thomas Mann erinnert: «Ich glaube an die Vergänglich-keit». Dazu kommt noch, dass Sie die Atmosphäre aus dem Innen lebendig werden lassen. In jedem Satz vibriert zärtliche Mitempfindung. Ich komme nicht hinter Ihr Geheimnis (ein gutes Zeichen) und drücke mich linkisch aus.

Jede Ihrer Geschichten ist neu. Sie haben kein Rezept. Deshalb lebt alles.

Wie Sie das Hotel zum «Reichsapfel» erwähnen, wie die Mutter sagt: «Bete, damit Vater die Gnade bekommt», wie der Bub die Eltern im Schlafzimmer zanken hört, wie das Servierfräulein vorüberhuscht usw. usw.: Die Humusschicht des Humors nährt die ganze Geschichte. Die Menschen werden durch Flüchtigstes, zärtlich Nebensächliches beschworen. So möchte ich's auch können.

Mit herzlichen Grüssen

Ihr

Hermann Lenz

[25] Lenz an Bender

Hermann Lenz   Stuttgart-N, 26. 3. 59
                                Birkenwaldstr. 203

Herrn
Hans Bender
Deutsche Zeitung/Feuilletonredaktion
Stuttgart – W
Silberburgstr. 193

Lieber Hans Bender,

        hier schicke ich Ihnen drei Impressionen[1], die Sie vielleicht ins Blatt nehmen können, falls sie etwas taugen; die Fluss – Schilderung ist auch darunter. Wenigstens sind die drei Sachen kurz.

    Mit herzlichen Grüssen
        Ihr Hermann Lenz

Am Fluss
Das harte Mädchen
Vorfrühling mit roten Hügeln

[26] Lenz an Bender

Hermann Lenz   Stuttgart-N, 20. Juni 1959
                                Birkenwaldstr. 203

Herrn
Hans Bender
Feuilleton – Redaktion
der «Deutschen Zeitung»
<u>Köln</u>
Breite Str. 103–135

Lieber Hans Bender,

gestern hat mich auf einer Radfahrt zum Asperg die Inspiration für meine Buchbesprechung[1] gepackt. Zu Hause habe ich sie sogleich zu Papier gebracht und soeben abgetippt. Ich lege sie schnell ins Couvert und hoffe, dass sie Ihre Billigung finden wird.

Übers Wochenende erfreute mich Ihre Venedig – Geschichte[2]. Höllerers Esels-Klipp-Klapp und Waiblingers Tee auf der Peterskuppel. In Ihrer Arbeit kristallisiert sich für mich ein dreitägiger Venedig-Aufenthalt im August vor vier Jahren mit medizinischen Kanalgerüchen, Pilgermassen, in den Gondeln hingegossenen deutschen Touristenfräuleins, die glutvolle Blicke zu den Loggien der blumengeschmückten Albergos hinaufschleuderten, und Volkswagen-Schlangen vor der Riesengarage. Die Frau des befreundeten Ehepaars, das uns mitnahm, wusch sich bei Herrn Rossi im Gassenschacht hinterm Markusplatz die Füße im Waschbecken; das Waschbecken brach durch, und wir haben's mit Uhu kitten müssen.

Herzliche Grüsse Ihnen und Peter Härtling[3], auch von meiner Frau

Ihr

Lenz

Das Recht der Jugend

SPUREN UND WEGE – pfälzische und saarländische Dichtung, herausgegeben vom literarischen Verein der Pfalz / Landau.

Wenn in einer Anthologie ältere und jüngere Autoren vereinigt sind, haben's die älteren schwer, sich zu behaupten. Das Recht der Jugend macht sich erfrischend geltend, und die älteren Semester gehen als zweite Sieger durchs Ziel, nicht nur, weil sie vielleicht den kürzeren Atem haben. Eine Geschichte, die sich selbst erzählt und deren Autor beispielsweise um 1890 geboren wurde, erinnert oft an ein Bild aus vergangenen Tagen, während aus den Produktionen der Jüngeren (sie sind auch schon um die vierzig) Sonne, Abendkühle und Kälte wie heute herwehen. Woran liegt's? Am ‹veränderten Lebensgefühl›, an der anderen ‹Gestimmtheit›, an den ‹modernen Stilmitteln›? Wahrscheinlich gibt's keine Antwort auf diese Frage.

Der Anthologie «Spuren und Wege», die der literarische Verein der Pfalz als Jahresgabe 1957/58 vorlegt, gibt die Nähe zur französischen Sphäre jene ironische Schärfe und Genauigkeit, die jeder literarischen Bemühung gut bekommt. Für gewöhnlich sind Publikationen ähnlicher Art mehr aufs heimelig Traute ausgerichtet, hier aber herrscht frische Luft. In Hans Benders Geschichte «Im Alter der süssen Seufzer» heisst es: «Gras, das geschnitten auf dem Rasen lag, duftete, und vom Bach wehte, wie kalter Atem der Fische, ein milchiger Dunst, der sich zu weissen Nebelkissen braute.» So ist heute ein Sommerabend; die Worte des Erzählers werden zur Erfahrung des Lesers wie in Emil Schusters Skizze «Das Essen im Wald». Die Strenge der Autoren gegen sich selbst erzeugt jenes Fluidum, das auch heute noch als poetisch bezeichnet werden darf. Deshalb ist diese Anthologie geglückt.

Hermann Lenz

[27] Lenz an Bender

Stuttgart, den 3. 11. 59
Birkenwaldstr. 203

Lieber Hans Bender,

für Ihren Brief danke ich Ihnen herzlich, weil er mich aus der Selbstzweifel-Flaute herausgeführt hat. Jetzt gleitet mein Seelenschifflein wieder in sanfter Brise dahin.

Das Wichtigste ist, dass man freundlich voneinander denkt, dann darf das Briefschreiben guten Gewissens auf später verschoben werden.

Sie fragen nach meinem Buch. Es geht wie erwartet schlecht. Kritiken habe ich freundliche, hämische, lobende, höhnische, verständnisvolle und – wie mir scheint – sogar dumme erhalten. Freilich: wer kennt schon H. L., da gilt die Parole: Feuer frei. Ich kann's leider nicht ändern, obwohl ich's gern anders hätte, aber weil ich nicht alle Menschen mag, muss ich damit rechnen, dass man mich da und dort auch nicht leiden kann. Krämer-Badoni[1] und der literarische Leiter von RIAS, ein gewisser Herr Wild[2], scheinen zu denen zu gehören, obwohl ich weder den einen noch den andern kenne. Wild schrieb, mein Buch sei avantgardistisch und nur deshalb gedruckt worden, die Menschen darin nur Schemen und das Ganze ausserdem neonaturalistisch. Meine zwölfjährige Nichte durfte die ersten fünfzig Seiten lesen und war begeistert, ebenso ein achtzigjähriger Konsul. Krämer-Badoni aber fand, darin dokumentiere sich eine Rückkehr zum braunen oder roten Nazismus. Da bin ich dann böse geworden und habe mich gewehrt. Heute denke ich: transit... und zitiere für mich die Worte: «Und bald weiss nur noch die Sage davon, und bald ist es völlig vergessen». Das hat Marc Aurel notiert.

Ich lege Ihnen eine wahrscheinlich impressionistische (oder neonaturalistische s.o.) Schilderung meiner Radfahr-Eindrücke aus Regensburg unter dem Titel ‹Inschriften› ins Couvert.

Wenn's nichts taugt, werfen Sie es bitte weg.

Ich grüsse Sie und Peter Härtling herzlich

Ihr Hermann Lenz

Meine Frau ist in Israel. Verwandte haben sie eingeladen.

[28] Lenz an Bender

Hermann lenz   Stuttgart-N, den 20. 11. 59
                               Birkenwaldstr. 203

Herrn Hans Bender
Feuilleton – Redaktion
der Deutschen Zeitung
<u>K ö l n</u>
Postfach 490

Lieber Hans Bender,

       wie hat's mich gefreut – es freut mich immer noch und wird mich immer freuen – dass Sie die «Inschriften»[1] für die Zeitung angenommen haben. Ich danke Ihnen für Ihren Zuspruch, denn ermunternde Worte sind selten und die Hilfe eines Freundes vergesse ich nicht.

    Froh bin ich, dass Sie mir meine schwäbischen Schneckenhausmeditationen[2] zurückgeschickt haben. Ach, diese verschnörkelten und vermurksten Kritzeleien. Bei mir setzt halt die Selbstkritik manchmal aus und ich bin dankbar für den Wegzeiger, den Sie für mich aufgestellt haben.

    Mit herzlichen Grüssen, auch an Peter Härtling
              Ihr Lenz

[29] Lenz an Bender

Lieber Hans Bender,

Sie haben mir wieder eine grosse Freude gemacht; herzlichen Dank. «Sie lachte gerissenen Gesichts»[1] – au wai geschrien (mit verständnisvollem Augenzwinkern) kann ich da bloß sagen. Streichen Sie bitte mein Scriptum rigoros zusammen, es wird dadurch nur besser. Ich möchte auch etwas lernen, und wenn Sie streichen kann ich viel lernen; das möchte ich mir nicht entgehen lassen. Wenn ich's kann, wenn ich's fertigbringe, wenn's mir gelingt, werde ich versuchen, aus meiner Schreiberei eine ‹gesättigte Lösung› herzustellen, sie sozusagen umzudichten. So wie sie jetzt ist, unredigiert, ist für sie nie Platz. Also nehmen Sie den Rot- oder Blaustift zur Hand und corrigieren Sie meine Litanei.

Ich danke Ihnen und grüße Sie und Peter Härtling herzlich

Ihr Hermann Lenz

[30] Lenz an Bender

Stuttgart-N., 23. 3. 60

Lieber Hans Bender,
        können Sie beiliegenden Schrieb für Ihr
Blatt brauchen? Wenn nicht, werfen Sie ihn weg.

Herzliche Grüße Ihnen und Peter Härtling, auch von
meiner Frau
        Ihr Hermann Lenz

[31] Bender an Lenz

Lieber Hermann Lenz,

schon lange haben wir nichts voneinander gehört. Sicherlich haben auch Sie in den letzten Wochen Urlaub gemacht. Wie ich hörte, hätten Sie für den «Regenbogen» beinahe einen Preis[1] bekommen. Ich hätte mich sehr gefreut für Sie. Wir beide bleiben aber wohl unprämiiert …

Anlass zu diesem Brief ist das vornehme Mitgliederverzeichnis des Schriftstellerverbandes. Ich sehe allerdings unter § 5, dass ich eigentlich nicht mehr dazugehören kann. Was ist zu tun? Soll ich mich dispensieren lassen, bis ich wieder nach Süddeutschland ziehe? Oder gibt es Ausnahmen? Bitte, schreiben Sie mir darüber in Ihrer Eigenschaft als Sekretär und als der liebe alte Kollege.

Sehr herzliche Grüße, auch an Ihre Frau,

Ihr Hans Bender

[32] Lenz an Bender

Gasthof Hois'n bei Gmunden, 5. 9. 60
Oberösterreich

Lieber Hans Bender,
heut kam Ihr Brief vom 31. 8. hierher ins regentröp-
felnde Ferienidyll. Ich schreibe am Gasthauszimmer-
tisch, eingehüllt in wärmende Kleider, während meine
Frau schläft und von der Treppe urwüchsige Laute ins
Zimmer dringen. Eine Tür klappt und eilige Schritte
tappen. Draußen rieselt's und rinnt's und mir fällt der
beruhigende Ausspruch des Seemannes vom Gmundener Dampfer ein, der zu mir gesagt hat: «Wann der See
so Flecken hot, bedeutet's eindeutig schlechtes Wetter
für lang».

Ich kann mir also Zeit lassen und Ihren Brief um-
ständlich und geschwätzig beantworten.

Der Paragraph 5 des vornehmen Mitgliederverzeich-
nisses samt Satzungen darf Sie nicht beirren. Da Sie im
südwestdeutschen Raum geboren sind, gehören Sie zum
Verband, auch wenn Sie jetzt etwas weiter nördlich
wohnen. Wer innerhalb des Limes zu Hause ist (wobei
auch diese Grenzlinie nicht allzu streng archäologisch
zu betrachten, sondern als fließend zu bezeichnen wäre,

Gasthof Hois'n
bei Gmunden 5. 9. 60
Oberösterreich

Liebe Frau Greda,

Heut kam Ihr Brief vom 31. 8. hierher ins ungetrübteste Ferienidyll. Ich schreibe am Gasthaustischchen, eingehüllt in wärmende Kleider, während unten Traun plätschert und von der Treppe überschüttete Leute ins Zimmer hineingeschneit für Hagel und solche Zeiten tragen. Draußen schüttet's und stürmt's und mir fällt der bezeichnende Ausspruch des Schiffmanns vom Gmundener Dampfer ein, der zu mir gesagt hat: „Wann der See 10 Fenster hat, bedeutet's niedriges schlechtes Wetter für lang."

wenn man ihre Strahlungskraft bedenkt), den rechnen wir zu den unseren.

Kürzlich las ich Ihre Geschichte[1] in der Süddeutschen Zeitung; sie hat mir und meiner Frau sehr gut gefallen. Wir haben oft über sie gesprochen, sie ist ein Stück von uns geworden, denn immer wieder sagen wir: «Das ist wie in Benders Geschichte» oder «Darüber würde Bender auch schmunzeln, denn in seiner Geschichte, damals in der Süddeutschen Zeitung …» und so weiter.

Aber Preise gibt es wahrscheinlich bloß für Schriftsteller mit Ellenbogen und Eckzähnen. Publizität und Prämiertheit scheinen in meinem Horoskop schlecht bestrahlt zu sein; denn außer dieser Beinahe-Preiskrönung wäre ich vor einem Jahr fast in den «Spiegel» gekommen. Die Stuttgarter Redaktion dieser Wochenschrift schickte sogar einen Reporter zu mir ins Büro, der mich im kurzärmeligen Hemd einmal lachend und einmal sinnend knipste; dazu schraubte er seinen Apparat auf ein Stativ, und ich dachte: ernste Sache… Aber gebracht haben die natürlich weder mein Bild noch die angekündigte Buchbesprechung. «Sei froh», hat meine Frau zu mir gesagt, «Du hättest dich ja doch geärgert.» Übrigens soll von mir im Frühjahr schon wieder ein Roman[2] herauskommen; ja, meine Produktivität ist nahezu phänomenal. Aber ohne Heinz Schöfflers Hilfe hätte ich es wahrscheinlich nicht geschafft.

Mit herzlichen Grüßen, auch von meiner Frau, und in alter Freundschaft
Ihr
Hermann Lenz

Grüßen Sie bitte Peter Härtling herzlich von uns.

[33] Bender an Lenz

2. 3. 67

Lieber Hermann Lenz,

entschuldigen Sie, dass ich erst heute den Brief vom 10. Januar beantworte. Ich hatte den Brief verlegt ... trotzdem bedrückte er mich. Ich hätte auch einen Vortrag, den ich an der Marburger und der Kölner Universität gehalten habe: Programm und Prosa junger deutscher Schriftsteller.[1]

Nun hat sich entschieden, dass ich den ganzen Mai über in Berlin sein werde: ein Stipendium des Gewerkschaftbundes! Am 2. Mai muss ich dort sein, also müsste ich gleich drei Tage später nach Stuttgart fliegen. Da wär' es doch besser, Sie würden einen Ersatz finden. Hat man auch bedacht, dass am gleichen Tag hier die Tagung der Darmstädter Akademie stattfindet!

Ich wäre sehr erleichtert, wenn Sie einen anderen Referenten für mich fänden. Ich gebe dafür für später eine Zusage. Zur Stuttgarter Tagung käme ich schon lange gern einmal, ich bin aber jetzt auch in zu vielen Akademien, Verbänden usw. ... Den Mitgliedsbeitrag 66 habe ich gerade überwiesen. Auch wollte ich Sie schon lange fragen, ob sie Prosa für den JAHRESRING² haben. Es wird Zeit, dass Sie auch einmal darin erscheinen. Umfang zwischen 5 und 15 Schreibmaschinenseiten. Zeit ist noch bis Anfang April. Schreiben Sie mir dazu ein paar Zeilen.

Mit herzlichem Gruß für heute
Ps. Und an Ihre Frau!   Ihr
                              Hans Bender

[34] Lenz an Bender

Lieber Hans Bender,

herzlichen Dank für Ihren Brief. Es war ja scheusslich (dieses Wort müsste mit i geschrieben werden), wenn Sie nach drei Tagen von Berlin wieder wegfliegen müssten, um bei uns zu reden; da kann ich mitfühlen. Aber es wäre erfreulich, wenn Sie im nächsten Jahr zu uns kämen, denn an Ihrem Vortrag «Programm und Prosa junger deutscher Schriftsteller» bin nicht nur ich interessiert.

Ich darf Ihnen deshalb im Namen des Vorstandes (freilich nicht so konventionell, wie dieser Satz sich anhört) für diesen Vorschlag danken und mich auf die Schriftstellerverbandsjahresversammlung 1968 freuen. Dass Sie mich auffordern, Ihnen für den «Jahresring» etwas zu schicken, ist eine ermunternde Nachricht; ich werde Ihnen, sagen wir bis zum 5. April, eine Prosa-Neuanfertigung vorlegen.

Mit herzlichem Gruß, auch von meiner Frau,

Ihr Hermann Lenz

[35] Bender an Lenz

Berlin, 5. 5. 67

Lieber Hermann Lenz,

mein erster Versuch ist missglückt. Dr. de le Roi, der alles lesen, beurteilen, entscheiden u. verstehen will, hat das «Tagwerk» nicht verstanden. Hinzukommt, dass in diesem Jahr mehr Prosabeiträge zusammenkamen, als zu erwarten war; u. alle sind sie so lang.

Ich schreibe Ihnen im nächsten Jahr wieder.

Im Aufsatz von K. A. Horst[1] über Neuerscheinungen steht ein Kapitel über Ihr Buch. Sehr schön. Also stehen Sie doch im Jahresring.

Ich bin seit 2. Mai in Berlin, wohne im Hotel Berlin mein Stipendium ab. Mein erstes dieser Art. Ich komme mir recht nutzlos vor; und sehr fruchtbar scheint die Hotelatmosphäre auch nicht zu sein …

Verzeihen Sie Ihrem Rücksender –

viele herzliche Grüße,

Ihr Hans Bender

[36] Bender an Lenz

Hans Bender · 5 Köln · Brüderstr. 3

7. 3. 68

Lieber Hermann Lenz,

ich habe Ihnen schon erzählt, daß Herr Dr. de le Roi alle Manuskripte liest und zustimmen muß (der JAHRES-RING ist seine ganz persönliche Gründung). Ich lege Ihnen (vertrauensvoll) seinen Notizzettel bei, auf dem Sie sein «Großartig!!» lesen können. Die Geschichte[1] ist also fast angenommen. Bitte, prüfen Sie noch mal den Einwand, den Herr Dr. de le Roi macht. Besteht er zu recht? Wollen Sie korrigieren? Ich freue mich, daß Sie im neuen JAHRESRING stehen werden. Der letzte hat gute Kritiken gefunden und wurde auch gut verkauft.

Schicken Sie mir also die Geschichte bald zurück. Ihre Autorennotiz entnehme ich der «Federlese»[2] – ist es Ihnen recht?

Mit herzlichen Grüßen an
Ihre Frau
Ihr
Hans Bender

[37] Lenz an Bender

Hermann Lenz   7 Stuttgart-N, 10. 3. 68
                                Birkenwaldstraße 203

Lieber Hans Bender,

  Ihr hochvitaminhaltiger Brief hat mich sehr erfreut. Ich machte mich gleich an's Geschäft, fügte auf Seite 2, Zeile 4 von oben hinter ‹Er› ‹der Hauptmann› ein, und hoffe, damit die Sache geklärt zu haben. Man weiß ja nie, wie etwas Geschriebenes wirkt. Bitte, sagen Sie Herrn Dr. de le Roi herzlichen Dank für seinen Hinweis und daß ich froh bin, beim JAHRESRING mitmachen zu dürfen. Das Gefühl, auch einmal dazuzugehören, ist ermunternd.

Ich fand beim Herumkramen im Schreibtisch zufällig diese Geschichte wieder, arbeitete sie um und ließ sie zu Ihnen schweben. Daß Herr Dr. de le Roi sie ‹großartig› finden würde, habe ich nicht erwartet, hoffte aber auf Ihre Zustimmung. Als ich dann gestern Ihr großes Couvert sah, wurde mir's resignativ-mulmig zu Mut. Ich dachte: Ach, es ist ja schließlich wurscht, wenn er's zurückschickt... obwohl es mir ‹schließlich› gar nicht ‹wurscht› gewesen wäre. Aber Sie kennen ja den Lenz Hermann (der Siegfried[1] ist der Berühmte).

In diesem Sinn herzlichen Dank und alle guten Wünsche, auch

von meiner Frau,

Ihr

Hermann Lenz

Zur Autorennotiz in der FEDERLESE wäre vielleicht noch hinzuzufügen: «1968 Andere Tage, Roman». Dr. Bachem (Jakob Hegner Verlag) will im Herbst diesen bringen. Wenn Ihnen dieser Hinweis auf ein zwar gelegtes, aber noch nicht greifbares Ei inopportun erscheint, dann lassen Sie ihn, bitte, weg.

[38] Bender an Lenz

HANS BENDER · 5 KÖLN · BRÜDERSTR. 3
neue Adresse: 5 Köln, Taubengasse 11
30. 12. 1969

Lieber Hermann Lenz,
schon wieder wird's Zeit, einen neuen Jahresring zu planen, …

Auch im Auftrag von Herrn de le Roi soll ich anfragen, ob wir diesmal mit einem Beitrag rechnen dürfen. In der ersten Aprilwoche 1970 spätestens sollte das Manuskript vorliegen. Es hilft mir jedoch bei meiner Arbeit, wenn Sie mir schon bald ein ja oder nein schreiben.

Ich hoffe aber auf ein ja!

Herzliche Grüße, gute Wünsche für 1970
                                        Ihr
                                        Hans Bender

[39] Lenz an Bender

7 Stuttgart-N, 26. 10. 70

Lieber Hans Bender,
        da suche ich nach etwas Kurzem, das
ich Ihnen vielleicht für die ‹Akzente› vorlegen könnte,
(weil Sie mir schrieben, ich sollte mal wieder was
schicken), und finde bloß Längeres. Außerdem ist die
beigefügte Geschichte weder kulturrevolutionär noch
gesellschaftsverändernd, dafür aber 12 (!) Seiten lang;
weshalb mich ein Außenstehender fragen könnte, wozu
ich sie Ihnen denn schickte; worauf ich, wenn ich ehrlich wäre, antworten müßte: Weil Hans Bender sie vielleicht doch …

    Wenn's aber nicht kann sein, dann tue ich so, als ob
mir das recht wäre (es macht nichts). Schließlich kann
ich mir vorstellen, wie sich heutzutage das Zeitschrif-
ten-Machen abspielt.
        Mit herzliche Grüßen, auch von meiner Frau,
                 Ihr
            Hermann Lenz

[40] Bender an Lenz

HANS BENDER · 5 KÖLN 1 · TAUBENGASSE 11
5. November 1970

Lieber Hermann Lenz,

den Mitgliedsbeitrag habe ich gestern abgeschickt. Ob ich zur Tagung[1] kommen kann, weiß ich noch nicht. Es waren zu viele Veranstaltungen in diesem Herbst …

Auf meiner Australienreise[2] lernte ich viele Germanisten kennen. Einer der besten, Professor Gerhard Schulz[3], Melbourne, hält sich zurzeit in München auf und möchte gern zur Stuttgarter Tagung kommen, um «die deutsche Literatur aus der Nähe zu sehen.» Könnten Sie ihm eine offizielle Einladung schicken? Seine derzeitige Adresse: Prof. Gerhard Schulz, München, Titurelstr. 5.

Wie geht es sonst in Stuttgart? Sitzen Sie nicht mehr im Schloß? Ich sehe, die Verbandsadresse ist Ihre Privatadresse. Ihretwegen sollte ich schon kommen nach Stuttgart …

Dank für die Zusendung von «Der Letzte»[4]. Dazu schreibe ich Ihnen in der nächsten Woche.

Mit vielen Grüßen,

Ihr Hans Bender

[41] Lenz an Bender

7 Stuttgart-N, 8. 11. 70
Birkenwaldstr. 203

Lieber Hans Bender,

herzlichen Dank für Ihren Brief vom 5. November.

An Professor Schulz habe ich die jüngste Nummer der ‹VS-Nachrichten› geschickt. Offizielle Einladungen gibt's keine, aber wenn er kommt, kann er überall dabeisein. Es will mir freilich so scheinen, als ob er von den bevorstehenden Diskussionen, die sich mit der Verbesserung unserer Existenzgrundlagen (falls es so etwas überhaupt gibt) beschäftigen, zumindest keine ‹literarischen› Eindrücke mit nach Hause nehmen könnte.

Ja, ich mache den Verband seit sieben Jahren (so lange wird's wohl her sein, genau weiß ich's auch nicht) von meiner Dachstube aus. Das Büro im ‹Alten Waisenhaus› mußten wir aufgeben, weil es zu teuer wurde.

Bücher schreibe ich auch noch und denke; du kannst's nicht lassen. Manchmal ergibt sich sogar so etwas wie eine verständnisvolle Resonanz. Weil aber mein Geschriebenes anders ist als man's heute haben will (der Meinungsterror ist ja enorm, früher nazistisch, jetzt marxistisch) stehe ich auch jetzt noch abseits.

Ich hoffte, Ihnen im Frühjahr beim PEN[1] zu begegnen. Freilich: Sie haben dort nichts versäumt.

Wenn Sie hierher kämen, wär es sehr erfreulich. Sie könnten bei uns übernachten, bloß ist halt das Bett, das ich Ihnen anbieten könnte, leider so, daß ich es Ihnen nicht anbieten kann.

Mit herzlichen Grüßen, auch von meiner Frau,

Ihr Hermann Lenz

[42] Bender an Lenz

HANS BENDER · 5 KÖLN 1 · TAUBENGASSE 11
28. Dezember 1970

Lieber Hermann Lenz,
ist es tatsächlich schon so lange her, daß Sie mir Ihre
Geschichte geschickt haben? Ich komme einfach nicht
mehr nach mit dieser Post – und die letzten 14 Tage war
ich richtig krank.

Es ist wohltuend, nach so langer Zeit eine Prosa von
Ihnen zu lesen – der vertraute Tonfall, die gleichen Fi-
guren, die es noch gibt oder überhaupt nicht gibt …. Ja,
ich will die Erzählung hierbehalten und sie im Laufe
des Jahres 71 bringen. So Mitte im Jahr kann ich erst
versprechen, weil die ersten zwei Hefte schon fertig
sind. (Das 2. ist ein griechisches Sonderheft.)[1]

Über den Schriftstellerkongress habe ich nur in den
Zeitungen gelesen. Da klang alles sehr bedeutend.

Ihrer Frau und Ihnen viele herzliche Grüße! Beim
nächsten Stuttgart-Besuch rufe ich wirklich an, und
wenn es nur für eine Stunde des Beisammenseins ist …
Gute Wünsche für das Jahr 1971!
Ihr

Hans Bender

[43] Lenz an Bender

Hermann Lenz   7 Stuttgart-N, 4. 1. 71
                                      Birkenwaldstr. 203

Lieber Hans Bender,

Sie lassen mich nicht allein; dafür danke ich Ihnen. Die ‹Akzente› sind für mich ein vertrautes Haus, weil's dort lebendig und nicht steif zugeht. Ich bin in ihm gern zu Gast.

Hoffentlich war's keine Virus-Grippe, die Sie ins Bett warf, denn diese Person kenne ich und wünsche sie keinem an den Hals.

Von Ihnen kaufte ich kürzlich «Die halbe Sonne» mit Heinz Schöfflers Essay und dachte bei der Lektüre: das hält sich, weil es Distanz und Sympathie haltbar machen.

Wir freuen uns auf eine Begegnung im neuen Jahr, das Ihnen – auch im Zurückschauen – erfreulich erscheinen soll.

Mit herzlichen Grüßen

Ihr

Hermann Lenz

[44] Bender an Lenz

HANS BENDER · 5 KÖLN 1 · TAUBENGASSE 11
20. April 1971

Lieber Hermann Lenz,

Ihr Brief mit den Korrekturwünschen liegt schon eine Weile hier. Ich habe sie eingetragen. Sie bekommen ja auf jeden Fall die Korrekturfahnen. Ende Mai gebe ich Ihr und andere Manuskripte zum Satz. Heft 2 – vielleicht sehen Sie es? – bringt griechische Literatur. Heft 3 wird ein Gastheft, in welchem der deutsche Schlager analysiert werden soll. Auch das 4. Heft ist schon halb geplant – aber darüber schrieb ich Ihnen schon. Ich passe auf, wenn ich 12 Seiten für H. L. und eine gute Gruppierung sehe. Ja, dieses Warten gehört zu unserem komischen Beruf …

Diese Zwischennachricht heute –

und viele Grüße,

Ihr

Hans Bender

[45] Lenz an Bender

Hermann Lenz   7 Stuttgart-N, 21. 4. 71
                                Birkenwaldstr. 203

Lieber Hans Bender,

pressieren tut's nie. Und 12 Seiten sind sowieso eine Zumutung. Ich schrieb Ihnen, weil ich fürchtete, vielleicht gab's keine Korrekturfahnen. Mein jüngstes Buch[1] wurde im Composer-Lichtsatz-Verfahren hergestellt und hat deshalb arge Druckfehler, die mich immer noch zwicken; ich bekam keine Korrekturfahnen zu Gesicht. Sauerei könnte ich sagen, wenn ich nicht dächte, schweigen sei bekömmlicher. Sie sehen, daß ich kein konsequenter Mensch bin.

Ich werde mir die neuesten AKZENTE-Hefte ansehen. Am neugierigsten bin ich auf das Gastheft mit der Analyse von deutschen Schlagern[2], wahrscheinlich weil mir aus meiner Jugendzeit «Die Julischka, die Julischka / Aus Buda Budapest / Das ist ein Mädel! / Die hält keiner fest» und «Blau ist das Meer / Und blau sind die Matrosen» noch im Ohr liegen; letzteres hörte auf: «Drum schmeckt auch jeder Kuß von ihm / Nach mehr … nach mehr … nach mehr». Nein, es fing wahrscheinlich an: «Mein Schatz muß ein Matrose sein und so stürmisch wie das Meer» und der Refrain hieß: «Blau ist das Meer...» Auch: «wenn am Samstag-Abend die Dormusik spielt / Hodideldidel, Hodideldidel, dumm dumm» war bemerkenswert.

Ich danke ihnen für die Mühe des Korrigierens und grüße Sie herzlich als

Ihr

Hermann Lenz

«Mein Schatz muß ein Matrose sein» wurde von einer rauchigen weiblichen Sexual-Stimme[3] gesungen.

[46] Lenz an Bender

Lieber Hans Bender,
dass Sie meine Geschichte unter den Tisch fallen lassen
wollten, das habe ich nie gedacht, weil ich weiß, dass Sie
nicht alles sofort oder ganz schnell in Ihrer Zeitschrift
bringen können. In Gedanken setzte ich mich an Ihre
Stelle und sagte zu mir: wärst du Herausgeber einer
Zeitschrift, dann merktest du, wie schwierig das ist.

Warten hat ja auch etwas für sich, wenn man eine erfreuliche Sache vor sich hat.

Mich bekümmert's, dass Sie nicht mehr ganz auf
Trapp sind, und ich weiß nur zu genau, wie strapaziös
unser Geschäft heutzutage ist.

Ich wünsche Ihnen, dass es Ihnen bald wieder erfreulich geht, und grüße Sie mit meiner Frau herzlich als

Ihr Hermann Lenz

[47] Lenz an Bender

o. D. (s. Anmerkung)[1]

Jetzt lese ich im AKZENTE-Heft 1-2/73 und freue mich, weil Sie meine Erzählung in diese Jubiläumsnummer aufgenommen haben. Walter Helmut Fritz[2], der im Alltäglichen das Überraschende aufspürt, ist mir nahe.

«Sie müssen die Dezennien bedenken», hat seinerzeit ein Arzt zu Thomas Mann gesagt (Hans Reisiger[3] hat's mir erzählt), und jetzt sind wir auch schon so weit, dass wir zumindest zwei literarische Dezennien überschauen können.

Wechselhaft das Ganze … denke ich und wundere mich, weil ich, verglichen mit anderen, die so modern sind, dass sie nur noch Lebensumstände registrieren, das mache, was ich mache; weshalb es kein Wunder ist, wenn mir Miss Zeitgeist und Mister Trend ihre Hinterseiten zukehren.

[48] Lenz an Bender

17. 6. 73

Lieber Hans Bender,
da kriege ich vom Hanser-Verlag ein Päckchen, wundere mich und finde AKZENTE 3/73 darin; verstehe anfangs nicht, weshalb es mir zugeschickt wird, bis ich auf Seite 200/01 meinen Brief an Sie abgedruckt finde.

Ja, sapperlot, war das eine Überraschung! Und mich durchfuhr's: «Hast nix Blödes g'schriebe?!» Fand's aber dann (sozusagen) passabel. Am besten freilich ist Jürgen Becker[1].
Herzliche Grüße

Ihr Hermann Lenz

[49] Lenz an Bender

Hermann Lenz
7 Stuttgart-1, 19. 11. 73
Birkenwaldstr. 203

Lieber Hans Bender,

entschuldigen Sie, bitte, daß ich Ihnen eine Geschichte erzähle, aber ich komme nicht darum herum.

Am 6. 3. fragte ich beim Lektorat des Carl Hanser-Verlages an, ob ich die Fortsetzung meiner in AKZENTE 1-2/73 abgedruckten Erzählung «Der Letzte» vorlegen darf. Michael Krüger[1] schrieb mir am 9. 3., daß er das Manuskript gerne kennenlernen würde. Ich schickte es ihm am 12. 3., erhielt am 15. 4. die Nachricht, er sei bei der Lektüre unterbrochen worden, werde mir aber «nach Ostern» schreiben.

Dies tat er bis heute noch nicht, obwohl ich mich am 18. 6. bei ihm meldete, ihn am 9. 8. bat, mir mein Manuskript zurückzuschicken, wenn es der Verlag nicht drucken will, und am 7. Nov. diese Bitte wiederholte.

Weil ich nicht annehme, er wolle mich ärgern, bin ich Ihnen für einen Hinweis dankbar, wie ich mich verhalten soll.

Ich hoffe, daß Sie erfreuliche Tage haben, und grüße Sie mit meiner Frau herzlich als

Ihr

Hermann Lenz

[50] Lenz an Bender

Hermann Lenz   7 Stuttgart-1, 11. 12. 73
                              Birkenwaldstr. 203

Lieber Hans Bender,

         die Sache hat sich so abgespielt:
Ich schrieb an das Lektorat, die in den «Akzenten»
abgedruckte Geschichte sei der Anfang einer größeren
Arbeit; ob ich die vorlegen dürfe. Michael Krüger ant-
wortete, ihm habe die Geschichte gefallen, und ich solle
das Manuskript schicken was ich tat. Dann das er-
wähnte Schweigen.

Jetzt hat er's mir zurückgeschickt und geschrieben:
«Es tut mir sehr leid, daß Sie so lange auf eine Nachricht warten mußten, aber Ihr Manuskript war so tief in
die Diskussion geraten, daß keiner sich zu einer An-
nahme oder Absage entscheiden konnte.

Nun steht zumindest fest, daß wir es im nächsten
Jahr nicht machen können, so daß ich es Ihnen zurück-
geben muß, wobei ich hoffe, daß Sie rasch einen anderen Verleger finden, der in der Beurteilung zu einem
rascheren Ergebnis kommt.»

Recht nett, nicht wahr? Und irgendwie wird man's
wohl glauben müssen. Schließlich ist es auch nicht so

wichtig, und alles, was ich schreibe, braucht nicht gedruckt zu werden.

Peter Handke[1] hab ich heuer kennengelernt. Er war zwei Mal hier, und meine Frau und ich haben ihn in Kronberg besucht. Anno 64 hat er mein Buch «Die Augen eines Dieners» im Österr. Rundfunk besprochen. Es war das erste, das er von mir las.

Ich danke Ihnen für Ihre Hilfe und grüße Sie mit meiner Frau herzlich als

Ihr längst nicht mehr junger
oder gar taufrischer
Hermann Lenz

[51] Bender an Lenz

HANS BENDER · 5 KÖLN 1 · TAUBENGASSE 11
17. Dezember 1973

Lieber Hermann Lenz,
ich vergaß in meinem letzten Brief zu fragen: Haben Sie
einen Text für den Jahresring 74/75? Eine Erzählung
zwischen 6 oder 12 Seiten? Ich kann nicht allein bestim-
men, aber de le Roi wird zustimmen, hoffe ich.
Kurz diese Bitte heute –

und viele herzliche Grüße,
Ihr
Hans Bender

[52] Lenz an Bender

Hermann Lenz   7 Stuttgart-1, 3. 1. 74
                                  Birkenwaldstr. 203

Lieber Hans Bender,

heute darf ich Ihnen zwei Mal danken: für Ihre Intervention beim Verlag und für Ihre Aufforderung, etwas für den ‹Jahresring› zu schicken.

Letztere befolge ich prosaisch und lyrisch, obwohl die Verse bloß als Zierrat gemeint sind; weil ich doch kein Gedicht-Profi bin sondern halt bloß einer, der, statt in seiner Freizeit Holz zu spalten … Undsoweiter.

Hoffentlich haben Sie's gut angefangen, das neue Jahr. Mir schickte Hap Grieshaber[1] den Umschlag eines bei Luchterhand erschienenen Romans von Bykow «Die Schlinge»[2], auf dem dieselbe Henkerschlinge wie auf meinem neuen Buch[3] drauf ist, und schrieb dazu: «Das Jahr fängt gut an.» Mir kommt's so vor, als ob der Gesundheits-Wunsch immer noch der erwünschteste sei.

Ihnen also einen Sack voll Gesundheit für 1974 und herzliche Grüße von uns beiden

Ihr

Hermann Lenz

«Münchner Zeit» (Anfang von «Neue Zeit»)
Gedichte: Vor neun Jahren, ungefähr
Erinnerung
Vorübergehen
Ausblick
Der Pferdeputzer

[53] Lenz an Bender

Hermann Lenz   7 Stuttgart-1, 23. 1. 74
                                Birkenwaldstr. 203

Lieber Hans Bender,

   wieder hat mich Ihr Brief erfreut. Handke ist mir eher befangen oder gar schüchtern vorgekommen. Das Gespräch mit ihm erinnert mich manchmal an Gespräche mit Celan[1], und ich meine, auch in ihm sei etwas wie ein Senkblei, das nach unten zieht; und letzthin will er für sich sein.

  Er schrieb mir aus Paris: «Und ich habe eben noch nicht die Kraft, meine Ruhe vor mir fremden Leuten zu bewahren, sondern werde mir dann selber fremd und unruhig. Das möchte ich noch lernen. Aber dazu muß man eben mit fremden Leuten zusammensein.»

  Leichthin leben wir ja alle nicht.

Ich danke Ihnen und grüße Sie mit meiner Frau herzlich

Ihr

Hermann Lenz

[54] Lenz an Bender

Stuttgart, 12. 2. 74

Lieber Hans Bender,

in Ihren «Aufzeichnungen»[1], für die ich Ihnen herzlich danke, steht kein Satz, bei dem ich nicht denke: ja, so ist's … Deshalb wünsche ich mir das Buch viel dicker. Wenn die Antwort von Milan Napravnik «mit angedeutetem (tschechischen) Lächeln» wenigstens einer unserer Kulturfunktionäre beherzigte und am Ende gar nach ihr handelte, würde ich staunen; das Wort von der Angst über (und unter) der Wolkendecke wird mir immer wieder einfallen; Ernst Jüngers «dürre helle Stimme» und wie der den «Schnappschuß» erwartet, paßt zum Dichter mit der großen Perle in der Krawattennadel, bei der ich mir O. H. (nicht M. H.) vorstelle; und Hjalmar Schacht hätte ich zwar gern ohne Straßenbahnfahrkarte im Anhänger beobachtet, habe ihn aber jetzt mit Ihren Augen und deshalb schärfer gesehen.

Ich freue mich schon auf den neuen «Jahresring»[2] und bin stolz, weil ich drin bin. Und das Honorar ist auch <u>sehr</u> freundlich.

Da hab ich gerade einen brieflichen Literatur-Streit mit Dr. Wolfgang Rothe[3] von der Zeitschrift ZET. Er läßt mich wissen, daß ein Hauslehrer, wie ich ihn in meiner Geschichte[4] darstelle, ein Fürstenknecht sei, weshalb er die Sache nicht drucken könne. Ich habe geantwortet, heutzutage gäb's doch Ministers- oder gar Kanzlersknechte («denken Sie nur an die ‹Schreibstube› unseres verehrten Herrn Bundeskanzlers in Bonn») und deshalb könne mir kein Vergehen gegen den heiligen Zeitgeist angekreidet werden. Doch dies nebenbei.

Meine Frau und ich, wir würden Sie gern einmal wiedersehen.

Mit herzlichen Grüßen von uns beiden
Ihr
Hermann Lenz

Ich wollte mir einen Adressenstempel wie Ihren machen lassen, aber hier gibt's diese Kursive nirgends.

[55] Lenz an Bender

Hermann Lenz   7 Stuttgart-1, 2. 9. 74
                       Birkenwaldstr. 203

Lieber Hans Bender,

      Ihr Brief hat mich sehr erfreut und überrascht, Als Professor Durzak[1] hier war, hat er diesen Plan nur angedeutet und nicht verraten, daß er ihn so bald verwirklichen will. Und jetzt darf ich Ihnen auch noch einen neuen Text schicken. Ich entschließe mich, Ihnen «Uhrenschläge»[2] ins Couvert zu legen, obwohl diese Geschichte vielleicht heutzutage beinahe unverschämt wirkt, weil sie die Revolutionssucht der Intellektuellen zumindest andeutungsweise ironisiert. Wenn ich aus Bischofsreut zurück bin (am Freitag möchte ich dorthin fahren), werde ich noch einmal meine beschriebenen Papiere mustern und vielleicht etwas anderes finden.

     Sie wollen mir auch aus der Verlagskalamität helfen: Was kann ich mir Erfreulicheres wünschen? Dr. Bachem[3] macht also Ende des Jahres den Hegner Verlag zu. Dr. Unseld[4] hat mich nach der Zahl meiner Bücher gefragt, die noch bei Bachem liegen. Ich nannte ihm dieselbe.

Ich hänge also mal wieder in der Luft und muß wohl Unselds Entscheidung abwarten. Mir will's so scheinen, als werde er meine bei Bachem liegenden Bücher nicht übernehmen, obwohl er mal angedeutet hat, er «überlege sich», ob für mich beim Insel Verlag ein Platz frei sei.

Ihr Aufdruck auf dem Papier gefällt mir sehr gut, und wenn ich mich entschließen sollte, mir einen Briefkopf drucken zu lassen, werde ich an Asmussen schreiben. Ihr Stempel aber, der mit der lateinischen Kursive, den mir hier kein Stempelgeschäft machen will, weil «man's halt nicht mehr so hat», der steht mir immer noch vor Augen. Aber vielleicht kriege ich ihn mal in einem Vorort.

Ich danke Ihnen und grüße Sie mit meiner Frau herzlich als

Ihr

Hermann Lenz

[56] Lenz an Bender

Stuttgart, 4. 9. 74

Lieber Hans Bender,

wenn Sie mir zu Hanser[1] hinüberhülfen (ob's Ihnen gelingt, weiß freilich keiner von uns beiden), wär's wunderbar. Professor Durzak, dessen Briefkopf mich an den Ihrigen erinnert, sagte, als er hier war, ich solle zu Hanser gehen.

Nun, ich ginge gerne. Unseld hat schon seit Mai meine Bücher und noch immer nichts verlauten lassen; vielmehr deutete er so etwas halb Elegantes halb Negatives an, wie's große Leute zu tun pflegen. Weshalb ich meine, er sei an meinen Büchern nicht interessiert.

Vor vierzehn Tagen hab ich das Manuskript meines neuen Buchs an Unseld geschickt. Er bestätigte mir den Empfang. Es ist die Geschichte, deren Anfang Sie in den «Jahresring» aufgenommen haben. Sie ist 399 Seiten lang.

So, das wär's. Jetzt hab ich alle meine Verlagskalamitäten gebeichtet. Und daß Unseld mein neues Buch nimmt, kann ich mir nicht vorstellen; aber ich schickte es ihm, weil er mich danach gefragt hat.

Mit diesem Brief geht auch einer an Handke, in dem ich ihn bitte, Ihnen ein Manuskript[2] für ‹Akzente› zu schicken.

Am Freitag will ich nach Bischofsreut fahren und drei Wochen lang dort bleiben; nichts tun, im Wald herumschlampen. Die Adresse ist: 8391 Bischofsreut, bei Madl, Haus Nr. 50.

Ich wünsche Ihnen erfreuliche Tage. Erholen Sie sich gut. Und herzliche Grüße schicken wir beide Ihnen auch; wir sähen Sie einmal wieder gerne.

Ihr
Hermann Lenz

Der Brief kommt mir konfus vor. So ist's halt, wenn man zwischen den Verlagen hockt. Und manchmal denke ich, die Literatur sei kein besonders seriöses Geschäft. Freilich, welches Geschäft ist schon ‹seriös›… Die Stunden mit Professor Durzak waren sehr erfreulich; er kennt mich und meine Arbeit besser als ich. Mir kam's vor, als kennten wir uns schon zehn Jahre.

[57] Lenz an Bender

6. 9. 74

Lieber Hans Bender,
mit Kopf und Händen noch in der Stuttgarter Dachstube, die Füße aber schon im Bayerischen Wald, freue ich
mich über Ihren Brief. Dass Ihnen ‹Uhrenschläge› gefällt,
gibt mir Mut; ich war mit dieser Geschichte lange Zeit
tief im Zweifel (sozusagen). Und an Handke habe ich
schon geschrieben; der Brief an ihn ist schon unterwegs.
(Wahrscheinlich kriegen Sie heut meinen zweiten Brief).
Handke wohnt 77 Boulevard Montmorency 75016 Paris.
Ich danke Ihnen herzlich

Ihr Hermann Lenz

Jetzt werde ich gleich die Diskussion in ‹Ahnung und
Gegenwart›[1] lesen. Ich erinnere mich nicht mehr an sie.

[58] Lenz an Bender

Lieber Hans Bender,
in einer Zeit, da die Literatur unter allzu hohen Papier-
preisen schrumpft, kümmern Sie sich um mich und
meine Bücher.

Vom Hanser Verlag habe ich noch nichts gehört. Ich
kenne Herrn Pfäfflin[1] und meine, wie Sie, er werde zu
mir kommen, wenn er kommen darf.

Mein Roman-Manuskript liegt bei Suhrkamp, wo,
wie Sie wissen, «Der Kutscher und der Wappenmaler»
als Lizenzausgabe in der Bibliothek Suhrkamp im Februar mit einem Nachwort von Peter Handke erscheinen soll. Den Vertrag habe ich bekommen. Vorgestern
rief mich Peter Handke an und wunderte sich, weil ich
noch keine Nachricht habe, daß Unseld mein neues
Buch[2] im Insel-Verlag bringen will. Ich habe nur einen
Brief der Lektorin, in dem sie sich positiv über meine
Arbeit äußert. Später fragte sie am Telephon, wie ich
mir den Umschlag meines Romans vorstelle, und wollte
auch Photographien für die Werbung haben. Das sei
eine weite Vorausplanung.

Ich bin gerne bereit, dem Hanser Verlag ein neues Manuskript zu geben. Mein neuer Roman aber liegt bei Suhrkamp, und etwas anderes habe ich nicht fertig. Die Bestände meiner Bücher will Weises Hofbuchhandlung in Stuttgart übernehmen und ausliefern.

Ich hänge also in der Schwebe, wie sich das für einen Schriftsteller geziemt, muß Geduld haben und darf Unseld nicht drängeln; zumindest meine ich, dass ich mich so verhalten müßte.

Professor Durzak schrieb mir aus Amerika, er werde sich in den nächsten Wochen hauptsächlich mit meinen Büchern beschäftigen. Ich sandte ihm «Münchener Zeit», diesen Anfang meines neuen Romans.

Und am 1. 12. geben Sie «Uhrenschläge» in Satz und machen mir schon wieder eine Freude! Auch im Nachwort zum Jahresring haben Sie auf mich hingewiesen.

Ich danke Ihnen und bin mit vielen herzlichen Grüssen auch von meiner Frau,

Ihr Hermann Lenz

Handke schrieb mir: «Außer der Erzählung» (sein neues Buch, an dem er noch arbeitet) «habe ich nichts. Und es ist so ungut, Auszüge aus etwas in Zeitschriften zu lesen. Für viele ersetzt das die ganze Lektüre, nimmt Urteile voraus, usw. Das Paradoxe ich würde Hans

Bender gern was geben – wenn die «Akzente» nicht so relativ bekannt wären. So tut es mir leid, dass ich nichts tun kann, zumal Bender mich schon einmal nach etwas fragte».

[59] Bender an Lenz

HANS BENDER · 5 KÖLN 1 · TAUBENGASSE 11

9. 7. 1975

Lieber Hermann Lenz,
vielleicht schauen Sie manchmal in die AKZENTE und denken: wann kommt nur endlich der Durzak-Essay und meine Geschichte? – Durzak ist mit schuld, daß es so lange dauert. Im April schickte er mir den Aufsatz. Er hatte eine Länge von 28 Schreibmaschinenseiten, etwa 30 Druckseiten also; das wäre das Drittel eines Heftes… Er sah ein, daß er kürzen muß.

Ich bringe nun Aufsatz und Geschichte – die längst gesetzt ist – im 5. Heft. Das ist das Oktoberheft, und ich denke, es wird auch mehr beachtet als die Sommerhefte.

Diese kurze Unterrichtung heute.

Vielleicht sind Sie in Ferien? Ich bleibe den Juli und fast den ganzen August noch im heißen und leeren Köln.

Viele herzliche Grüße, Ihrer Frau und Ihnen –

Ihr

Hans Bender

[60] Lenz an Bender

Stuttgart, 18. 7. 75

Lieber Hans Bender,
seit 1953, als Sie mir Ihre vier Stories «Die Hostie» geschenkt haben, schreiben Sie mir freundliche Briefe. Sie haben immer wieder an mich gedacht, und das werde ich nie vergessen. Und wenn mir jemand prophezeit hätte, daß ein Literaturhistoriker 28 Schreibmaschinenseiten über meine Bücher schriebe, hätte ich gelacht.

Als Durzak hier war, wußte und kannte er (sozusagen) alles von mir, und mir blieb nichts übrig als ihm zuzustimmen und mich zu wundern.

Wär's möglich, daß Sie mir eine Photocopie des Aufsatzes schickten? Wenn Sie mein neues Buch («Neue Zeit») noch nicht haben, schicke ich's Ihnen. Aber weil ich jetzt meine Bücher für den Umzug nach München (wo sie uns dann einmal besuchen sollten) einpacken muß, denke ich: vielleicht haben Sie auch zu viele Bücher.

Mein elterliches Haus muß verkauft werden, weil meine Verwandtschaft dies will. Zum Glück können wir im elterlichen Haus meiner Frau unterkriechen und werden, wenn alles gut gehen sollte, ab 28. 8. München 40, Mannheimer Str. 5, wohnen.

Daß Durzaks Aufsatz und meine Geschichte im Oktoberheft erscheinen, könnte nicht günstiger sein.

Auch ich bin gern in einer von den Ferien besänftigten Stadt und hoffe, im September noch ein paar Tage in den Bayerischen Wald gehen zu können.

Ich danke Ihnen herzlich und wünsche Ihnen alles Gute als

Ihr Hermann Lenz

[61] Lenz an Bender

Hermann Lenz   8 München 40, 11. 1. 76
                                      Mannheimerstr. 5

Lieber Hans Bender,

Sie hab ich mir als Leser für mein Buch ge-
wünscht, weil Sie diese (damals ach so neue) Zeit kennen und im Krieg gewesen sind; sie waren vorne dabei
und kennen Rußland von der Erde her, riechen seinen
Geruch. Und daß Sie den «Geschmack der Epoche» in
meinem Buch finden, das freut mich arg, wie man im
Schwäbischen sagt.

Es wär erfreulich, wenn Sie mal zu uns hereinschauten. Wir haben's schön, und manchmal denke ich: eigentlich verdienst du's nicht… Wir wohnen im elterlichen Haus meiner Frau, einem Reihenhaus in einer
stillen Straße (hoffentlich bleibt sie still). Hinterm Gärt-
chen liegt ein Schul-Sportplatz, und wenn der mich
sommers manchmal belästigt, werde ich mich daran
gewöhnen müssen.

In den ersten Tagen machte ich hier manchmal das
Fenster auf, damit das Rauschen eindringen konnte, das
ich von Stuttgart gewöhnt war. Hier hab ich ein dicht
schließendes Fenster.

Also, auf bald. Uns würde es freuen, Sie wiederzusehen.

Ich hoffe, Ihnen bis Ende März etwas schicken zu können. Weil ich ermuntert wurde, «Neue Zeit» fortzusetzen, hab ich mit der Heimkehr-Schilderung angefangen, weiß aber noch nicht, ob ich Ihnen die anbieten kann. Vielleicht finde ich auch noch etwas anderes. Meinen Produkten gegenüber bin ich halt mißtrauisch eingestellt.

Ich danke Ihnen herzlich und wünsche Ihnen mit meiner Frau ein erfreuliches 1976 als

Ihr

Hermann Lenz

[62] Lenz an Bender

München, 4. 4. 76

Lieber Hans Bender,

für Ihre Auswahl aus meinem ellenlangen Manuskript[1] bin ich Ihnen dankbar. Wie Sie' gemacht haben, das gibt mir einen Hinweis auf spätere Kürzungen, falls ich diese Sache fortsetzen sollte; denn ohne Peter Handke hätte ich damit nicht angefangen. Ich meinte, mit drei autographischen Romanen sei's genug. Auch Michael Krüger hat mir zugeredet.

Ich muß mir Zeit lassen, obwohl ich von mehreren Seiten zur Mitarbeit aufgefordert wurde. Für ‹ensemble›[2], ‹Tintenfisch›[3] und jetzt auch für Konjetzkis ‹Liebesgeschichten›-Anthologie[4] soll ich Texte liefern. Konjetzki will morgen was von mir haben; vor einer Woche hat er mir seinen Wunsch zutelephoniert. Der ist gut.

Früher war's nicht so wild, und manchmal meine ich, so holterdipolter und mirnichtsdirnichts was wegschicken, das liege mir nicht. Aber ich sage zu mir: wenn du schon dieses Geschäft machst, dann darfst du dich auch nicht drücken, wenn's heißt: Hic Rhodus, hic

salta (wie der Lateiner sagt). Fast hätte ich ‹Latriner›
geschrieben.

Daß ich im «Jahresring» neben Max Fürst[5] stehe,
das freut mich. Und wann sehen wir Sie? Im Mai und
Juni sollen wir in der Villa Massimo sein. Fein wär's,
wenn Sie dann auch dort wären.

Alles Liebe von uns beiden
Ihr
Hermann Lenz

[63] Bender an Lenz

HANS BENDER · 5 KÖLN 1 · TAUBENGASSE 11
1. März 1977

Lieber Hermann Lenz,

ganz kurz ein Lockruf: Haben Sie einen Text für den
«Jahresring» 77/78? Eine Erzählung oder ein Roman-
kapital? Ich habe noch viele Seiten Platz, Bis zum 1.
April bleibt Zeit.
Ich wart' auf eine Antwort – und verbleibe mit vielen
Grüßen und Wünschen,

Ihr
Hans Bender

[64] Lenz an Bender

Hermann Lenz

Mannheimerstr. 5
8000 München 40
23. 3. 77

Lieber Hans Bender,

Ihr Lockruf hat gewirkt, nur weiß ich nicht, ob Ihnen die «Kollegentage»[1] gefallen, die er mir entlockte. Schicken Sie mir's halt wieder, wenn Sie's nicht mögen. Und weil Sie schreiben, Sie hätten noch viele Seiten frei, belästige ich Sie mit diesem ellenlangen Romanauszug, den Sie nach Belieben kürzen können.

Auf ein Wiedersehen hoffend, mit herzlichen Grüßen auch von meiner Frau,

Ihr

Hermann Lenz

[65] Lenz an Bender

Lieber Hans Bender,
Ihr Glückwunsch[1] hat mich sehr gefreut.

Wünsche könnte ich mir jetzt mehrere erfüllen; aber ich hab halt nur noch wenige, wie zum Beispiel den, daß mein September-Urlaub im Bayerischen Wald sonnig sein möge. Ob Mutter Erde ein Einsehen hat und so einem alten Büchnerpreis-Träger auch das entsprechende Wetter zukommen läßt?

Ja, Heinz Schöffler, der hätte die richtige Nase und den richtigen Gaumen fürs Freuen und fürs Feiern gehabt, und wir hätten uns zu dritt zusammengesetzt um einen zu heben. So müssen wir's zu zweit tun. Oder, wie wär's, wenn Sie mal zu uns hereinschauten, sagen wir zum Abendessen. Dann sind wir auch zu dritt und können auf eine klare Zukunft anstoßen.

Ihre Karte lehnt an einem meiner kleinen Leuchter neben dem Schreibzeug von 1837. Der Feldblumenstrauß von Otto Scholderer erinnert mich an das, was mich überleben wird.

Ich danke Ihnen, grüße Sie mit meiner Frau herzlich und hoffe auf ein Wiedersehen.

Alles Gute Ihr Hermann Lenz

[66] Bender an Lenz

HANS BENDER · 5 KÖLN 1 · TAUBENGASSE 11
31. 8. 1978

Lieber Hermann Lenz,

beiliegenden Brief[1] würde ich gern im Heft 6/78 veröffentlichen – neben einer Reihe anderer Briefe an mich. Die ersten Genehmigungen sind schon eingetroffen, und ich hoffe, auch Sie können dazu «ja» sagen. Sie wissen, die Akzente werden 25 Jahre alt.

Bitte, legen Sie schon jetzt einen Text parat für den «Jahresring» 78/79. Im März werde ich Sie danach fragen.

Ganz herzlichen Dank für Ihren Brief! Nun – morgen darf ich in Ferien fliegen. Für 14 Tage wenigstens.

Ihrer Frau und Ihnen viele herzliche Grüße,

Ihr
Hans Bender

[67] Lenz an Bender

2. 9. 78

Lieber Hans Bender,
mich freut's, wenn andere gedruckt lesen, was ich Ihnen
am 18. 7. 75 geschrieben habe; denn Sie haben immer zu
mir gehalten, auch als noch niemand etwas von mir
wissen wollte.

25 Jahre «Akzente»: Ohne Sie wäre dies nicht möglich gewesen. Sie sollten Ihre Erinnerungen aufschrei-
ben.

Wahrscheinlich sonnen Sie sich jetzt unter Palmen.
Ich aber schaue in den Regenhimmel und hoffe, daß mir
von Ende nächster Woche an vierzehn Tage lang ein
blaudunstiger Hochsommer lächeln möge, wie er im
Stifter steht.

Alles Gute
Ihr
Hermann Lenz

[68] Bender an Lenz

HANS BENDER · 5 KÖLN 1 · TAUBENGASSE 11
22. 11. 1978

Lieber Hermann Lenz,
ich hatte ein bißchen gehofft, wir sehen uns in der Buchhandlung Lehmkuhl[1]. Doch Sie hatten recht: Auch ich kam ja nicht nach Bonn?[2] Schrieb ich Ihnen, daß ich selber einen Termin hatte? – Ich hatte viel Freude an Ihrer Preisrede[3], und wer kann schon sagen, daß er mitgespielt hat in «Leonce und Lena»? Hoffentlich hat auch die Treutlein Hanni einige Blumensträuße bekommen …

Für die Deutsche Welle schrieb ich einen Hermann-Lenz-Artikel[4]. Ob Sie ihn gesehen haben? Etwas plakativ, weil er dort in andere Sprachen übersetzt wird und nicht unbedingt «literarisch» sein muß. Sie werden es verstehen …

Wichtiger noch: Ich schreibe die ersten Aufforderungen zum Jahresring 79/80. Sie sollten unbedingt dabei sein. Ein Manuskript zum Februar / März 79. Ich hoffe, Sie können Zusagen. Wenn ich lange nichts höre, schreibe ich wieder.

Mit vielen herzlichen Grüßen von Köln nach München,
Ihr
Hans Bender

PS: Das Akzente-Jubiläums-Heft kommt im Februar. Wir mussten verschieben.

[69] Lenz an Bender

Hermann Lenz

Mannheimerstr. 5
8000 München 40
18. 12. 78

Lieber Hans Bender,

ich antworte beschämend spät – schon ist's über drei Wochen her, seit Sie mir schrieben.

Hoffentlich kann ich Ihnen Ende Februar ein Manuskript schicken, das bis zum 4. April nirgends gedruckt sein darf. An diesem Tag will ich's nämlich im Hannoverschen Rundfunk bei einer Abendveranstaltung vorlesen. Es ist aber noch wabbelig, sozusagen; ich muß es festigen. Ob's mir gelingt, weiß ich nicht. Und ganz zufrieden bin ich nie.

Der Trubel hat sich besänftigt. Aber schon wieder kündigen sich neue Ablenkungen an. All das paßt gar nicht zu mir, obwohl ich's manchmal – und sogar während ich dabei mitspiele – kurios finde. Später merke ich, wie strapaziert ich bin.

Ja, Treutlein Hanni hat viele Blumensträuße verdient. Einen hat sie bereits 1970 von mir bekommen, als ich in Krambergs Anthologie «Vorletzte Worte – Schriftsteller schreiben ihren eigenen Nachruf»[1] – drucken ließ: «Ohne seine Frau, die als Lektorin eines wissenschaftlichen Verlages psychologische und philosophische Werke betreute, hätte er von seiner Arbeit nur recht mühsam leben können.» Denn meine Frau war – wie Sie wissen – von 1957 – 1975 als Lektorin im Ernst Klett Verlag angestellt. Und, wer weiß, vielleicht könnte sogar jemand behaupten, Bücher schrieben sich nur mit Zeit und Geld (Übrigens habe ich die drei Pünktchen in Ihrem Brief bemerkt).

Zum Glück hat Treutlein Hanni an all dem Drum und Dran (sie hat mich auf einer Lesereise begleitet) mehr Spaß als ich. Ich hab so gut wie keinen. Immer so tun, als ob nix wär … (wieder drei Pünktchen); und neugierig bin ich auf Ihren Artikel für die «Deutsche Welle». Der Verlag hat ihn mir nicht geschickt.

Bitte, lassen Sie mich wissen, wie lang mein Beitrag für Ihre Anthologie sein darf.

Ich wünsche Ihnen erfreuliche Tage als

Ihr

Hermann Lenz

[70] Bender an Lenz

HANS BENDER · 5 KÖLN 1 · TAUBENGASSE 11
2. 1. 1979

Lieber Hermann Lenz,

in Ihrem Brief (vom 18. 12. 78) steht am Schluß eine Frage, die ich beantworten muß: Wie lang Ihr Beitrag sein darf? – Bis 12, 15 Seiten. Genügt das? – Der letzte «Jahresring» hatte 360 Seiten; der nächste darf nur 260 Seiten haben. Aber das sollte einen Mitarbeiter nicht beunruhigen.

Ich warte also auf Ihren Beitrag.

Einer der ersten Briefe im Neuen Jahr. Ihrer Frau und Ihnen ganz herzliche Grüße und gute Wünsche für 1979!

Ihr

Hans Bender

[71] Lenz an Bender

Hermann Lenz

Mannheimerstr. 5
8000 München 40
22. 2. 79

Lieber Hans Bender,

hier meine Geschichte für den ‹Jahresring›. Weil ich mir erlaubt habe, einen Generalmajor darzustellen, könnte es möglich sein, daß ich wieder mal nicht ganz richtig liege, sozusagen. Aber das macht nichts. Sie können mir ja die Seiten wieder zurückschicken.

Am AKZENTE-Fest in Köln kann ich leider nicht teilnehmen, weil ich an diesem Abend vorlesen muß, übrigens – – – in Köln, bei der Volkshochschule.

Wenn Sie hier sind, schauen Sie hoffentlich mal wieder zu uns herein.

Herzliche Grüße

Ihr

Hermann Lenz

[72] Bender an Lenz

HANS BENDER · 5 KÖLN 1 · TAUBENGASSE 11
28. 2. 1979

Lieber Hermann Lenz,
schön, daß Sie an meine Aufforderung gedacht haben.
Ein paar Manuskripte sind schon angenommen: von
Ernst Meister, Hugo Dittberner, Johannes Schenk, Oda
Schaefer[1]. Sie sehen die Mischung.

Ich lese mit Vergnügen «Nach der Niederlage»[2],
«Aus der Ferne sehen». Ich muß das Manuskript nun
weitergeben an den Mitherausgeber, Herrn Henle[3]. Das
ist ein Industrieller, der Nachfolger von Dr. de le Roi.
Sobald sein «Ja» kommt, schreibe ich Ihnen wieder.

Ich wusste, daß Sie am 16. 3. in Köln lesen[4]. Deshalb
auch die Einladung zum Akzente-Fest[5]. Auch Harald
Gröhler[6] ist eingeladen. Ich stelle mir vor, daß Sie gegen
22.30 h, wenn die Diskussion überstanden ist, gern ins
Italienische Café kommen. Sie sollten also doch Zusagen. Ich würde mich sehr freuen. (Wolfgang Weyrauch[7]
hat gerade die strapaziöse Lesetour in und um Köln
überstanden. Ich habe mich ein wenig um ihn geküm-
mert.) Auf Wiederhören und Wiedersehen also –

Ihr Hans Bender

[73] Lenz an Bender

Lieber Hans Bender,
zwar habe ich vor einer halben Woche eine Grippe hinter mich geschafft, aber zum AKZENTE-Fest möchte ich trotzdem kommen, weil Sie es wünschen.

Hoffen wir also, dass ich bei Kräften bleibe.

Herzlich Grüße

Ihr Hermann Lenz

[74] Lenz an Bender

3. Juli 79

Lieber Hans Bender,
alt fühlen wir uns noch nicht, wir Sechziger, und wenn ich mir klar mache, dass ich 1919 in die Schule kam, merke ich, welch beträchtliches Stück Sie mir voraus sind. Ich gönne es Ihnen, freue mich, weil Sie so frisch sind und sich, seit wir uns kennen, kaum verändert haben; nur das Haar ist ein bisschen heller geworden.

Ich bin froh, dass ich Ihnen begegnet bin, zum ersten Mal mit Vauo in Stuttgart, und kürzlich im Café Campi, was beides auch schon eine Weile her ist. Wir sollten's bald wiederholen.

Und gesund bleiben sollen Sie. Auch wenn dies ein Wunsch ist, den jeder kennt, wichtig, dass er in Erfüllung geht, ist's trotzdem.

Mit meiner Frau grüße ich Sie herzlich als
                              Ihr Hermann Lenz

[75] Bender an Lenz

HANS BENDER · 5 KÖLN 1 · TAUBENGASSE 11

12. 9. 1981

Lieber Hermann Lenz,
voraus meinen herzlichen Glückwunsch zum Wilhelm-Raabe-Preis![1] Ich hoffe, ich kann Ihre Rede, die Ludwig Harig[2] zitiert, eines Tages lesen. Vergnügen hatte ich an Ihrer Erinnerung an die «Gruppe 47» im Literaturmagazin 7[3]. Ich erinnere mich auch, als Sie Heinz Schöffler und mir im Pfaffengrunder «Filmpalast»[4] (!) davon erzählt haben …

Auch deshalb will ich Ihnen schreiben: Ich wünsche es heftig, daß die Verbindung zwischen uns nicht abreißt. (Ich merke nun, wie viele Kollegen nicht mehr schreiben, nicht mehr zu Besuch kommen.) Die Verbindung zu halten, sollten Sie mir zum nächsten JAHRESRING – da mache ich noch mit – einen Text reservieren, Prosa oder Lyrik. Das hat zwar Zeit bis zum Anfang 1982, aber Sie werden sicher von vielen Seiten bedrängt.

Ende des Jahres bin ich zweimal in München; ich melde mich dann.

Der Glückwunsch war mir wichtig – Frau Hanne und Ihnen viele herzliche Grüße,

Ihr Hans Bender

[76] Lenz an Bender

Lieber Hans Bender,
entschuldigen Sie, bitte, dass ich Ihnen erst heute für
Ihren Brief vom 12. 9. danke.

Als er hier ankam, waren wir auf dem Weg nach
Braunschweig. Hernach gingen wir für acht Tage nach
Bischofsreuth im Bayerischen Wald. Dann war's Zeit für
die Fahrt nach Köln, wo ich in einer Diskussion über den
Film «Der unvergessene Krieg»[1] meinen Mann stehen
musste. Und bald danach war Wien fällig, wo ich in der
Österreichischen Gesellschaft für Literatur gelesen habe.
Undsoweiter.

Mich freut's, dass Sie mich nach einem Beitrag für
den «Jahresring» fragen. Ich hoffe, Ihren Wunsch erfüllen zu können, obwohl ich allmählich ziemlich leerge-
pumpt bin.

Jedenfalls wär's sehr erfreulich, wenn Sie wieder einmal zu uns hereinschauten.

Mit meiner Frau grüße ich sie herzlich als

Ihr Hermann Lenz

[77] Lenz an Bender

Hermann Lenz   Mannheimerstr. 5
                                                8000 München 40
                                                      19. 4. 82

Lieber Hans Bender,

       Sie schrieben mir, ich solle Ihnen im Frühjahr einen Beitrag für «Jahresring 82/83» vorlegen.

Hier sind nun sieben Seiten «Berühmter Gast»[1], und hoffentlich nehmen Sie mir nicht übel, daß diese photocopiert sind. Aber weil ich, je älter ich werde, desto mehr (im zwiefachen Sinn) «in Druck» komme, reichte mir's nicht zum Abtippen.

Es ist ein Ausschnitt aus einem autobiographischen Roman. Ich hoffte, Sie würden einmal bei uns auftauchen, damit wir uns ins treue Auge blicken können; aber das läßt sich ja nachholen.

Lassen Sie es sich gut gehen.

Mit herzlichen Grüßen, auch von meiner Frau,

Ihr

Hermann Lenz

[78] Bender an Lenz

Hans Bender

5000 Köln 1

Taubengasse 11

1. Mai 1982

Lieber Hermann Lenz,

es hat mir großen Spaß gemacht, Ihre Begegnung mit Waldemar Bonsels[1] als Romankapitel zu lesen. Haben Sie sie nicht schon im Pfaffengrund-Kino erzählt? «Kann ich in diesen Socken lesen?» Vor allem diesen Ausspruch habe ich behalten.

Auch Herr Henle hat inzwischen zugestimmt. Also die feste Zusage zur Veröffentlichung im «Jahresring» 82/83. Im Juni wird Ihnen die DVA die Korrekturfahnen schicken. Ich kann nur noch meine Freude bekunden, daß Sie wieder dabei sind.

Besonders gefreut hat mich meine Erwähnung im Gedichtband[2]. Sie wissen, wie viele Leute lieber vergessen. Ich freue mich über jedes Ihrer Bücher und hoffe, die Melancholie in Ihrem ersten Brief war nur eine vorübergehende Anwandlung.

Ihrer Frau und Ihnen gute Wünsche und herzliche Grüße,

Ihr Hans Bender

[79] Lenz an Bender

Hermann Lenz

Mannheimerstr. 5

8000 München 40

25. 8. 82

Lieber Hans Bender»

ach, was bin ich für ein miserabler, weil saumseliger Briefschreiber! Aber wie wollen Sie's anders machen, wenn Sie so organisiert sind, wie ich nun halt mal bin? «Introvertiert»… haben seit meinem achtzehnten Lebensjahr viele zu mir gesagt und mir dieses Wort wie ein Schimpfwort hingerieben oder an den Kopf geworfen. Sogar Heinz Schöffler sagte mal: «du mit deiner Kontaktschwäche…» und ich gab ihm recht, obwohl ich inzwischen ganz andere (und intensivere) Introvertierte kennengelernt habe. Kurios das Ganze.

Daß ich Ihnen und Heinz Schöffler von Bonsels erzählt habe, das ist mir nicht mehr erinnerlich. Und mich freut's, wie genau Sie sich an diese Begegnung erinnern. Ich sehe Schöfflers Zimmer, wo wir beisammensaßen, noch deutlich vor mir, überm Kino, wenn mir recht ist. Mein Hotel lag nahebei.

Mich würd's freuen, wenn Sie sich zu einem autobiographischen Roman entschlössen. Wer sich so präzis erinnert, der ist dazu verpflichtet. Besser wäre freilich ein Erinnerungsbuch, das in Ihrem Fall von einem geschrieben würde, der die Poeten liebt. Etwas enorm Seltenes, wie mir scheint, zumindest heutzutage, wo es zum guten Ton gehört, menschenfeindlich daherzukommen. So eine Prise Beelzebub als Ausdünstung hebt doch das Renommé.

Ansonsten freut's mich (saumäßig), daß Sie meine Gedichte gelesen haben. Ich war froh, im Vorwort Gelegenheit zu haben, Ihnen zu danken; denn ohne Sie wären meine Abseitshock-Jahrzehnte dunkelgrau gewesen. Sie haben sie mir hell gemacht. Und wenn ich gefragt werde, wie ich's denn ausgehalten habe, solange nebendraußen zu stehen, gedenke ich Ihrer, Heinz Schöfflers, Vauos, Paul Celans, und die Freunde[1] vom Schriftstellerverband wie Werner Illing, Karl Schwedhelm, Johannes Poethen, Peter Härtling. Die darf ich auch nicht vergessen. Ehrlich gesagt, ich sehe diese Jahrzehnte nicht düster. Schließlich durfte ich meine Bücher schreiben. Große Sprünge wollte ich keine machen, und heut mache ich sie genauso wenig wie damals.

Zum einundzwanzigsten Mal wollen wir im September beim Schneidermeister Madl in Bischofsreut Urlaub machen und die vertrauten Wald- und Wiesenpfade gehen. Mitten im verwilderten Waldgestrüpp stand dort plötzlich ein Jäger mit Fernglas und Gewehr vor mir und fuhr zusammen, als wäre ich eine Erscheinung. Dann brachte er hervor: «Ham's an Hirsch gsehn?!»

Undsoweiter. Weil Sie die Gedichte kennen, brauche ich Ihnen sowieso nichts mehr vom Bayerischen Wald zu erzählen. In die Gedichte habe ich alles hineinzulegen versucht.

Hoffentlich geht's Ihnen gut. Ich grüße Sie mit meiner Frau herzlich als

Ihr

Hermann Lenz

HANS BENDER · 5 KÖLN 1 · TAUBENGASSE 11
31. 10. 1982

Lieber Hermann Lenz,

in diesen Tagen schließe ich eine weitere Anthologie ab, die mir selbst sehr wichtig ist: «Zuletzt kommt der Rabe». Geschichten aus dem Zweiten Weltkrieg[1]. Sie wird im Delphin Verlag in München erscheinen, etwas außerhalb des Literaturbetriebs – sie wird dafür aber auch andere, und gar nicht unwichtige Leser erreichen.

Ich habe von Ihnen das Prosastück «Brennpunkte der Erinnerung» aufgenommen, das vor langer Zeit in einem Fischer-Taschenbuch erschienen ist. Es ist nicht nur ein hervorragender Erlebnisbericht in Ihrer Art und Weise; es ist mir auch wichtig als Thema Ende des Krieges, Gang in die Gefangenschaft.

Ich würde nur gern, und das ist das Hauptanliegen, den Titel ändern. Er klingt nicht wie eine «Geschichte» und ist doch eine Geschichte. Dürfte ich darüber schreiben: «Messer abliefern!»? Selbstverständlich kann ich in der Quellennotiz den originalen Titel aufführen. Was meinen Sie zu meiner Manipulation?

Liegen die Rechte für diese Prosa bei Ihnen? Ich werde es dann dem Verlag melden. Bitte, schreiben Sie mir bald. Eine Karte genügt.

Ist das «Herbstbuch»[2] angekommen? Sie sehen, Sie sind ein beliebter Anthologie-Dichter!

Ihnen Beiden die allerbesten Grüße aus Köln,
Ihr

Hans Bender

[81] Lenz an Bender

4. Nov. 82

Lieber Hans Bender,

herzlichen Dank für Ihren Brief.

Mich freut's, dass Sie «Brennpunkte der Erinnerung» unter dem Titel «Messer abliefern!» in Ihre Anthologie aufnehmen wollen. Die Rechte dafür liegen bei mir, obwohl ich diesen Text in den Schluss von «Neue Zeit» eingefügt habe. Für den Roman wurde er von mir verändert und erweitert.

Ich wünsche Ihnen erfreuliche Tage und grüße sie mit meiner Frau herzlich als

Ihr Hermann Lenz

[82] Bender an Lenz

HANS BENDER · 5 KÖLN 1 · TAUBENGASSE 11
Ostermontag, 4. April. 1988

Lieber Hermann Lenz,

wahrscheinlich zwei Jahre ist es wieder her, daß wir in Marbach an einem Tisch saßen. Und jetzt, an diesen Ostertagen, sitze ich im Zimmer und beginne, «Seltsamer Abschied»[1] zu lesen. Also denke ich intensiv an Sie. Zum Geburtstag hätte ich schreiben sollen. Michael Krüger, selbst er, hat mich vergessen einzuladen zur Hommage[2] in den «Akzenten». So geht es. Ach, überhaupt diese Geburtstage. Wenn man selber nachzieht, will man nicht glauben, daß andere schon 70, gar 75 werden.

Ja, wie formulieren, wie «Seltsamer Abschied» mich nun einnimmt. Ich unterstreiche Sätze, weil sie schön sind; weil sie etwas sagen, dem ich zustimme. Sie haben sich dem «Zeitgeist» verweigert – und andere, die damals obenauf waren, können nun beschämt beiseite treten. Nun gibt es wiederum einen anderen «Zeitgeist». Wunderschön Ihr Gedicht in den «Akzenten»: «Ach, du liebe Zeit»...[3]

Sie sehen, ich will Ihnen einfach schreiben, zustimmen, Sie nach dem Geburtstag zum neuen Buch beglückwünschen:

Und Frau Hanne und Sie an mich im fernen Köln erinnern.

Ihr

Hans Bender

[83] Bender an Lenz

HANS BENDER · 5 KÖLN 1 · TAUBENGASSE 11
1. Mai 1989

Lieber Hermann Lenz,

den 28. April, den Tag Ihrer Lesung[1] in Köln, hatte ich
mir angekreuzt. So gern hätte ich Sie wiedergesehen!
Ich hätte zum Beispiel von Weilheim[2] erzählen können,
wo ich am 4. April meinen Auftritt hatte. Ein Erlebnis
eigener Art.

Vielleicht glückt ein Wiedersehen am 31. Mai in München. Sie haben sicher davon gehört: Die Akademie hat
mir die Wilhelm-Hausenstein-Ehrung[3] zugesprochen.

Ich hoffe und wünsche, es möge Ihnen gut gehen. Ich
lebe meinem 70. Geburtstag entgegen, und das Leben
ist unruhiger als ich es mir wünsche.

Ihnen Beiden,
herzliche Grüße
Ihr Hans Bender

[84] Bender an Lenz

HANS BENDER · 5 KÖLN 1 · TAUBENGASSE 11
20. Juli 1989

Lieber Hermann Lenz,

Sie kennen sicher diese Last: Nach einem runden Geburtstag die Dankesschreiben zu verfassen. Schon ist der 20. Juli – ein bedeutsames Datum –, und ich versuche ein paar Zeilen des Dankes an Sie.

Schön, wie lang unsere freundschaftliche Verbindung nun dauert. Auch ich sehe Begegnungen, Szenen, Gespräche. Heinz Schöffler gehört dazu. Er hatte Sie ebenso gern wie ich, als Mensch und als Autor.

In allen Publikationen, die ich verantwortete, steht Ihr Name. Dass wir uns viel zu selten gesehen und gesprochen haben, ist nicht so schlimm. Ich habe berühmte Autoren auch immer schonen wollen. (Wie wurde Heinrich Böll bedrängt – und abgehalten von der Arbeit am Schreibtisch.)

In München sah ich Sie bei der Hausenstein-Ehrung. Bienek[1] drängte uns, die aufgetreten waren, unwillig in ein Restaurant. Vergeblich habe ich protestiert. Ich wollte zum Empfang. Wahrlich, eine Panne. Am nächsten Tag musste ich abreisen. Nun, über das Alter müssen wir beide nicht reflektieren. Es kommt. Es ist da. In Jules Renards «Journal»[2] steht eine Aufzeichnung, die mir gefällt: «Das Alter kommt unvermittelt wie der Schnee. Eines Morgens beim Erwachen entdecken wir, dass alles weiß ist.»

Als Renard diese Aufzeichnungen schrieb, war er 37 Jahre alt! Ja, auf die Einstellung kommt es an. Wir Badener und Schwaben haben – bei vielen Gegensätzen – eine gewisse Ruhe gemeinsam. Wir verstehen es, uns zu distanzieren vor dem, was einen eigentlich umwerfen müsste. So soll es auch in den nächsten Jahren bleiben.

Ich freue mich über jedes Zeichen von Ihnen, lieber Hermann Lenz. Heute Dank, Grüße und Wünsche, Ihre Frau miteingeschlossen.

Ihr Hans Bender

PS. Das ist noch ein älterer Briefbogen. Die Schrift, in Wyk/Föhr gesetzt, hat Ihnen gefallen.

[85] Bender an Lenz

HANS BENDER · 50676 KÖLN 1[1] · TAUBENGASSE 11
27. Oktober 1994

Lieber Hermann Lenz,

schön, Sie unter den Beiträgern der «Festschrift»[2] zu finden, die Hans-Rüdiger Schwab mit so viel Elan gesammelt hat.

Sie gehören zu denen, die mich nicht vergessen haben; mehr noch, die mich lesen und so gescheit und gewinnend interpretieren. Und wie ausgezeichnet noch das Gedächtnis funktioniert! War ich tatsächlich damals in Stuttgart so forsch und frech?

«Hans Bender hält zu mir», schreiben Sie kurz und bündig. «Hermann Lenz hält zu mir», wage ich zu variieren. Und so soll es noch eine Zeitlang bleiben, wünsche ich.

Ich danke für den Beitrag –
und verbleibe herzlich grüßend
Ihr
Hans Bender

[86] Bender an Frau Lenz

Liebe Frau Lenz,
immer häufiger kommen diese Nachrichten: Geschwister, Freundinnen, Freunde sind gestorben. Schwer sind die Worte zu finden, die Hinterbliebenen zu trösten, gar ihnen zu helfen, den Verlust zu ertragen – und hinterher die Leere, wenn der geliebte Mensch nicht mehr da ist.

Sie sehen, ich wähle kein schwarzumrandetes Papier. Doch meine Zeilen sollen Ihnen bekunden, dass ich an Sie denke. Ich behalte an Hermann Lenz nur erfreuliche Erinnerungen, sehr frühe auch, an Stunden in Heidelberg und Stuttgart. Ich besitze kostbare Briefe und fast alle seine Bücher. Ich werde, solange ich noch lebe, Hermann Lenz nicht vergessen.

Ihnen, liebe Frau Lenz, mein tief-empfundenes Beileid.

Ihr Hans Bender

Hans Bender

ANFÄNGE SIND SCHÖN

Ich meine die Stunden, die Tage, die Jahre, weit zurück-
liegende, als wir uns zum erstenmal begegneten. Heinz
Schöffler – ja, an ihn wollen wir erinnern – hatte die
Gabe, Menschen aufzuspüren und zusammenzubrin-
gen. Sie, lieber Hermann Lenz, waren uns voraus an
Erfahrung; und Sie hatten bereits die ersten Bücher
veröffentlicht: *Das stille Haus*, *Das doppelte Gesicht*,
Die Abenteurerin. Erzählungen, die sich unterschieden
von anderen; und die gerade wir, Heinz Schöffler und
ich, bewunderten und liebten. Sie hatten erlebt, was
auch wir erlebt und ertragen hatten zwischen 1933 und
1945. Sie ließen sich aber auch hinterher nicht verführen
von den Postulaten und Moden der Neuen Zeit. Schon
waren Sie sich ganz sicher in Ihrer Suche nach der «un-
tergegangenen reinen Zeit».

Ich weiß noch, daß Ihnen eine meiner ersten Ge-
schichten sehr gefiel: *Iljas Tauben*. Rußland war ein
Hauptthema unserer Unterhaltungen. In Ihrem Roman
Der russische Regenbogen schrieben Sie eine vielsa-

gende Widmung: «Für Hans Bender, ohne den dieses Buch nicht geschrieben worden wäre». Ich erlebte Sie als Sekretär des Süddeutschen Schriftstellerverbandes in Stuttgart. Nicht die Bürokratie nahmen Sie wichtig, sondern die Kollegen, die Ihnen gegenüber saßen: Gespräche und Geselligkeit. 1952 rief ich meine erste kleine Zeitschrift ins Leben: *Konturen*. Dann holte mich Walter Höllerer als Mitherausgeber der *Akzente*, Otto Friedrich Regner als Feuilletonredakteur zur *Deutschen Zeitung und Wirtschaftszeitung*. Ich nahm Sie jedesmal mit, d.h. bewies meine Anhänglichkeit, indem ich Sie zur Mitarbeit einlud.

1959 zog ich von Stuttgart und Mannheim ins Rheinland, nach Köln, wo ich seßhaft wurde. Aus der Ferne nahm ich teil an Ihrem wachsenden Rang und Ruhm. In Briefen bekundete ich meine Bewunderung als Leser Ihrer Bücher. Immer, wenn wir uns trafen und wenn wir uns heute treffen – viel zu selten –, erhellen sich unsere Mienen: Nicht nur, weil wir uns Wiedersehen, vielmehr weil wir uns an die schönen Anfänge unserer langdauernden Freundschaft erinnern.

Hermann Lenz

Ehrlich ist er

Vor dreiundvierzig Jahren begegnete ich Hans Bender zum ersten Mal in Stuttgart. Er kam mit V. O. Stomps, der die *Streit-Zeit-Schrift* herausgab und auf einer Handpresse druckte, zu mir ins Büro, denn damals arbeitete ich als Sekretär des «Süddeutschen Schriftstellerverbandes» und des «Kulturbundes Stuttgart» ohne Sozialversicherung.

Hans Bender schenkte mir damals sein erstes, im Verlag Eremiten-Presse erschienenes Buch *Die Hostie*, das vier Kurzgeschichten enthält. Sie sind streng geformt und geben Erfahrungen wieder, ohne autobiographisch zu sein. Aber der Autor ist gegenwärtig als ein Mann, dessen Gewissen jedes Wort bestimmt. Seine Menschenliebe, seine Sympathie zu allen, die an den Rand gedrängt wurden, ist in jedem Satz spürbar. Seine Selbstbeherrschung und Strenge gegen sich werden in seiner Sprache deutlich.

Er gab *Konturen. Blätter für junge Dichtung* heraus, eine Zeitschrift, die in dünnen Heften erschien. Damals, im Februar 1953, ermunterte er mich, ihm eine Geschichte für diese Blätter zu schicken. Das freute mich; auf den kannst du dich verlassen, sagte ich zu mir und wurde bis heute in dieser Meinung bestätigt. Hans Bender hält zu mir.

Schon im Mai-Heft der *Konturen* stand eine meiner Geschichten, und als Hans Bender ein Jahr später die Zeitschrift *Akzente* mit Walter Höllerer herausgab, nahm er eine zweite Geschichte von mir an.

So hat mir Hans Bender weitergeholfen. Als er mit Peter Härtling das Feuilleton von *Christ und Welt* machte, hat er mich aufgefordert, ihm Texte vorzulegen. Auch als er am *Jahresring* mitwirkte, der vom «Kulturkreis im Bundesverband der Deutschen Industrie» herausgegeben wurde, dachte er an mich und ließ mich in dieser großzügig konzipierten Publikation zu Wort kommen, als sonst so gut wie niemand etwas von mir wissen wollte.

Einmal, als ich eine dpa-Meldung über die Jahresversammlung des Schriftstellerverbandes formulieren mußte, fragte ich ihn, ob er mir dabei helfen könne; er aber erwiderte: «Tun Sie doch nicht so. Das ist doch ganz einfach.» Er dachte wohl, ich benähme mich wie eine Zimperliese. Ärgerlich war er, zu Recht. Und sein Ärger stärkte mich, machte mir Mut zu mir selbst.

Nachdem Peter Handke in der *Süddeutschen Zeitung* auf mich hingewiesen hatte, schrieb er mir, jetzt werde ich viele Aufträge bekommen. Und ich bekam sie.

Sein waches Gewissen, die beständige Unruhe, die hinter seinem gelassenen Erzählen spürbar ist, und seine Menschenkenntnis, die den Literaturbetrieb mit seinen Absprachen durchschaut, haben es mir angetan. Er macht sich nichts vor. Und ich lese in seinem Buch *Einer von ihnen. Aufzeichnungen einiger Tage*: «Wenn die Negation grassiert, hat der Widerspruch keine Chance. Auf den Widersprechenden werden Scheinwerfer gerichtet, die ihn einschüchtern, irritieren, kläglich, ja schuldig erscheinen lassen.» Oder jene andere Notiz, die an ein Telephongespräch erinnert, bei dem ein Bittsteller sagte: «Sie sind ein reizender Mensch!» Und Bender fügt hinzu: «Ich erschrecke. Würde ich nicht mehr geschätzt, wenn mir die Kollegen sagten: Sie sind ein gemeiner Kerl?»

Später schreibt er: «Zu jener Aufzeichnung: ‹Sie sind ein reizender Mensch.› Es muß was dran sein. Aber die andern folgern nicht weiter. Die Freundlichkeit als Möglichkeit, sich zu entziehen, Energien, Aufwände, die sich nicht lohnen, zu sparen. So ist hinter der Freundlichkeit Berechnung, ja etwas Gemeines versteckt.»

Ehrlich ist er und schreibt die Wahrheit.

Anmerkungen

1 Lenz an Bender

1 «Die Marmorbüste im Sumpf»: in «Konturen – Blätter für junge Dichtung», (Mai 1953 im 6. und letzten Heft).
2 «Iljas Tauben»: in «Die Kultur» (Nr. 4/5,1.Jg., April/Mai 1953).
3 «Das stille Haus». Erzählung (DVA 1947); «Das doppelte Gesicht», Drei Erzählungen (DVA 1949).
4 «Die Hostie – Vier Stories»: (Eremiten-Presse 1953).
5 Viktor Otto Stomps (1897–1970), gen. Vauo, legendärer Verleger und Schriftsteller; in seiner 1949 in Frankfurt/M. gegründeten Eremitenpresse, seit 1954 in Stierstadt/Ts, setzte und druckte er u. a. «Konturen», «Die Hostie». 1958 veröffentlichte er dort sein «Artistisches ABC».

4 Bender an Lenz

1 Frühjahrsversammlung: HB war Mitglied, HL Sekretär im Süddeutschen Schriftstellerverband.
2 Deutsch-Französisches Schriftstellertreffen, zu dem 11 deutsche Schriftsteller u. a auf Initiative französischer Verlage eingeladen wurden. HB berichtete darüber im Heidelberger Tageblatt: «Deutsche Schriftsteller in Paris», (2. 6. 1953).

5 Bender an Lenz

1 Dr. Walter Höllerer (1922–2003) Germanist und Schriftsteller, war mit HB bis 1967 Herausgeber der «Akzente, Zeitschrift für Dichtung» (ab 1968 «für Literatur»).
2 Dr. Heinz Schöffler (1921–1973), Publizist und Verlagslektor; seit Internatsjahren mit HB befreundet.

6 Bender an Lenz

1 «Das Oleanderblatt»: in «Akzente», 5/1955.

7 Bender an Lenz

1 «Die Muse»: in «Akzente» 4/1957
2 Robert Stolz: «Wien, Wien, nur du allein…»

9 Lenz an Bender

1 Die Lesung fand am 15. 11. 56 in der Mörike-Bücherei statt.

10 Bender an Lenz

1 Umzug von Oftersheim bei Schwetzingen nach Mannheim-Almenhof.

11 Lenz an Bender

1 «Das Glasröhrchen»: in «Akzente», 6/1959.
2 «Felix», unter dem Titel: «Sabine wird Augen machen» Süddeutsche Zeitung, 29./30. 3. 1958.

13 Lenz an Bender

1 Hermann Kasack (1896–1966), Autor des vielgerühmten Romans
   «Die Stadt hinter dem Strom», (1947).

14 Bender an Lenz

1 Johanna Lenz, geb. Trautwein, Hanna genannt (1915–2010), Kunst-
   historikerin, war Lektorin beim Klett Verlag, s. Brief HL vom 18.
   12. 78. – «Morin», «Rezension»: nicht ermittelt.
2 Korrekturabzüge: wahrscheinlich für «Das Glasröhrchen».

16 Bender an Lenz

1 Deutsche Zeitung und Wirtschaftszeitung: HB war seit Mitte 1957
   freier Mitarbeiter, seit März 1959 Feuilletonredakteur und von
   Oktober 1960 bis September 1962 Feuilletonleiter. Seit 1946 erschien

die Zeitung wöchentlich in Stuttgart, seit Mai 1959 täglich in Köln. Sie wurde im März 1964 eingestellt.

2 Karl Schwedhelm (1915–1988), Literaturjournalist, Lyriker, Übersetzer, leitete von 1955–1978 die Literaturabteilung des Süddeutschen Rundfunks.

17 Lenz an Bender

1 HB war erst 1987 in Rom als Ehrengast der Villa Massimo.

18 Lenz an Bender

1 Max Frisch (1911–1991): Die Verleihung fand am 8. 11 1958 in Darmstadt statt. Laudator war Rudolf Hagelstange.

2 «Der russische Regenbogen»: erschien 1959 im Luchterhand-Verlag; Heinz Schöffler war dort von 1956–1960 Lektor.

22 Lenz an Bender

1 «Casa Marina», unter dem Titel «Ich selber habe noch keine Pläne» in: Süddeutsche Zeitung, 3./4. 1. 1959.

2 «Die Wallfahrt»: in: «Merkur» H.11, Nr. 129, 1958.

23 Bender an Lenz

1 Ruth Rehmann (1922–2016): in «Akzente» 2/1959 mit dem Romanausschnitt «Das erste Kleid» aus: «Illusionen». (1959)

2 Enrique Beck (1904–1974), Übersetzer des Gesamtwerks von Federico García Lorca: in «Akzente» 2/1959 mit dem Gedicht «Macbeth auf Erden».

24 Lenz an Bender

1 Thomas Olten: nicht ermittelt.

25 Lenz an Bender

1 Drei Impressionen: davon «Am Fluss» in Deutsche Zeitung, 23. 5. 1959.

26 Lenz an Bender

1   wahrscheinlich für die Deutsche Zeitung, Abdruck nicht ermittelt.

2   «In der Gondel», unter dem Titel: «Der schönste Sommer Venedigs» in Deutsche Zeitung, 18./19. 7. 1959. In dieser Ausgabe auch der Ausschnitt aus der Erzählung «Briten in Rom» (1829) von Wilhelm Waiblinger (1804–1830) und das Gedicht «Jetzt geht's dem Süden zu» von Walter Höllerer aus «Der andere Gast» (1952).

3   Peter Härtling (1933–2017) gehörte in jenen Jahren zur Feuilletonredaktion der Deutschen Zeitung.

27 Lenz an Bender

1   Rudolf Krämer-Badoni (1913–1989) veröffentlichte seine Rezension «Rückkehr in die Diktatur» am 29. 8. 1959 in der Süddeutschen Zeitung.

2   Herr Wild: nicht ermittelt.

28 Lenz an Bender

1   «Inschriften»: wahrscheinlich unter dem Titel «Hier stand früher Castra Regina» in Deutsche Zeitung, 21./22. 11. 1959.

2   Schneckenhausmeditationen: nicht ermittelt.

29 Lenz an Bender

1   «Sie lachte gerissenen Gesichts» – wahrscheinlich ein gestrichener Satz aus dem Ms. «Inschriften».

31 Bender an Lenz

1   Beinahe Preis für «Regenbogen»: nicht ermittelt.

32 Lenz an Bender

1   nicht ermittelt; im Jahr 1960 erschien keine Geschichte von HB in der Süddeutschen Zeitung.

2   «Nachmittag einer Dame» (Luchterhand 1961).

33 Bender an Lenz

1 «Programm und Prosa der jungen deutschen Schriftsteller». Abhandlungen der Klasse Literatur der Akademie der Wissenschaften und der Literatur in Mainz (Nr. 1/1967 Steiner, in Kommission).

2 «Jahresring»: ein Jahrbuch für «Literatur und Kunst der Gegenwart» (i. A. des Kulturkreises der deutschen Industrie BDI, Deutsche Verlags-Anstalt DVA). 1954 begründet von Rudolf de le Roi (1894–1980), Volkswirtschaftler. Ab 1962 gemeinsam mit HB zuständig für die Literatur.

35 Bender an Lenz

1 Karl August Horst (1913–1973), Schriftsteller, Übersetzer, Literaturkritiker; in seinem Überblick «Erfahrungen mit der Vergangenheit» in «Jahresring 67/68» über den Roman «Verlassene Zimmer».

36 Bender an Lenz

1 «Die Tote» in «Jahresring 68/69».

2 «Federlese», ein Almanach des Deutschen PEN-Zentrums der Bundesrepublik, Hg. Benno Reifenberg u. Wolfgang Weyrauch (Desch 1967); darin von HL: «Der Käfer», von HB «Zeit der Konturen».

37 Lenz an Bender

1 Siegfried Lenz (1926–2014); sein Roman «Deutschstunde» (1968) wurde ein Bestseller. Im Roman «Freunde» (Insel 1997) erkennbar als Siegfried Rapp.

40 Bender an Lenz

1 Schriftstellerkongress des VS (Verband deutscher Schriftsteller), der 1969 begründet wurde, Tagung: 20.–23. 11. 1970 in Stuttgart.

2 Vortragsreise im Auftrag des Goethe Instituts im Frühjahr 1970.

3 Prof. Gerhard Schulz (geb. 1928), Literaturwissenschaftler, Lehr-

stuhl für Germanic Studies an der Universität Melbourne.

4 «Der Letzte» in «Akzente» 1/2 1973; die vollständige Erzählung
   erst später (Suhrkamp 1984).

41 Lenz an Bender

1 PEN: Das deutsche PEN Zentrum wurde 1924 gegründet.; 1951
   kam es in Deutschland zur Teilung in PEN West und PEN Ost,
   1998 zur Wiedervereinigung als PEN Zentrum Deutschland. HB
   und HL waren Mitglieder.

42 Bender an Lenz

1 «Akzente» 2/1971, Thema. «Die Militärdiktatur und die Literatur
   in Griechenland».

43 Lenz an Bender

1 «Die halbe Sonne. Geschichten und Reisebilder» mit Einführung
   von Heinz Schöffler (Signal-Bücherei, 1968).

45 Lenz an Bender

1 «Im inneren Bezirk» (Hegner 1970).
2 Gastheft «Der deutsche Schlager»: «Akzente» 3/71.
3 wohl die Stimme von Lale Andersen (1905–1972), zu deren Reper-
   toire dieses Lied gehörte.

47 Lenz an Bender

1 Ausschnitt aus einem Brief, dessen Original nicht erhalten ist.
   Veröffentlicht in «Akzente» 3/73 unter dem Titel: «Miss Zeitgeist
   und Mister Trend» in der Rubrik: «Jubiläumshefte sind janus-
   köpfig», die Auszüge aus Leserbriefen zum Jubiläumsheft (20
   Jahre Akzente) enthält.
2 Walter Helmut Fritz (1929–2010), Prosa «Das stimmt doch nicht»
   in «Akzente» 1/2, 73.
3 Hans Reisiger (1884–1968), mit Thomas Mann befreundeter Schriftsteller und Übersetzer.

48 Lenz an Bender

1 Jürgen Becker (geb. 1932), Gedichte in «Akzente» 1/2 73, mit Leserbrief in «Akzente» 3/73.

49 Lenz an Bender

1 Michael Krüger (geb. 1943), Schriftsteller, Lektor, später Verleger bei Hanser, ab 1976 mit HB Herausgeber der «Akzente», von 1980–2015 alleiniger Herausgeber.

50 Lenz an Bender

1 Peter Handke (geb.1942) vermittelte HL als Autor an die Verlage Insel und Suhrkamp. In den Eugen-Rapp-Romanen Stephan Koval genannt. Die Geschichte ihrer Freundschaft in «Berichterstatter des Tages – Briefwechsel Peter Handke / Hermann Lenz» (Insel 2006).

52 Lenz an Bender

1 HAP Grieshaber (1909–1981), Grafiker, vor allem bekannt durch seine Holzschnitte.

2 Wassil Bykow (1924–2003), weissrussischer Schriftsteller (Volk & Welt 1972).

3 «Dame und Scharfrichter», Erzählung (Hegner 1973).

53 Lenz an Bender

1 Paul Celan (1920–1970) Erkennbar als Jakob Stern in den Eugen-Rapp-Romanen. Zu ihrer Freundschaft:. Paul Celan / Hanne und Hermann Lenz: «Briefwechsel» (Suhrkamp 2001).

54 Lenz an Bender

1 «Aufzeichnungen einiger Tage», LCB-Editionen, (Literarisches Colloquium 1971). Die von HL zitierten Namen beziehen sich auf darin enthaltene Aufzeichnungen über Milan Napravnik (1931–2017), tschechischer Dichter und Maler; Ernst Jünger (1895–1998); Hjalmar Schacht (1877–1970), in den 30er Jahren Reichsbankpräsident; M. H. ist Manfred Hausmann (1896–

1986); O. H. wohl Otto Heuschele (1900–1996).

2 «Jahresring 74/75» enthält: «Münchener Zeit»; Ausschnitt aus «Neue Zeit» (Insel 1975).

3 Dr. Wolfgang Rothe (geb. 1929), Verleger und Schriftsteller; gab von 1973–1975 drei Ausgaben von «Zet – Zeichenbuch für Literatur und Grafik» heraus.

4 Geschichte: nicht ermittelt.

55 Lenz an Bender

1 Manfred Durzak (geb. 1938), Literaturwissenschaftler, sein «Versuch über Hermann Lenz» in «Akzente», 5/1975.

2 «Uhrenschläge»: in: «Akzente», 5/1975 (Auszug aus «Der Tintenfisch in der Garage»(Insel 1977).

3 Peter Bachem (1929–2004), Verleger in Köln, zu Bachem gehörte seit 1949 der Verlag Jakob Hegner (1882–1962), in dem seit 1962 die Werke von HL erschienen.

4 Siegfried Unseld (1924–2002), Verleger, Leiter der Verlage Suhrkamp und, seit 1963, Insel. Seit 1975 Verleger der Werke, auch der bereits veröffentlichten, von HL.

56 Lenz an Bender

1 Keine Veröffentlichung bei Hanser: es war Unseld, der rascher reagierte, 1975 kam es zur Neuausgabe von «Der Kutscher und der Wappenmaler» und mit dem neuen Roman «Neue Zeit» 1975 wurde und blieb HL entgültig Insel/Suhrkamp Autor.

2 HB hatte HL um Vermittlung gebeten; er wünsche sich ein Ms. von Peter Handke für die «Akzente». HB erzählte, dass er auch einen neuen Text erhielt, den er aber kurze Zeit später bereits an anderer Stelle veröffentlicht fand, so dass er für die Aufnahme in «Akzente» verzichtete. Um was für ein Ms. und dem Ort seiner Veröffentlichung es sich handelte, konnte nicht ermittelt werden.

57 Lenz an Bender

1 «Ahnung und Gegenwart» Roman von Joseph von Eichendorff (1788–1857), Erstdruck 1815.

58 Lenz an Bender

1 Friedrich Pfäfflin (geb. 1935), langjähriger Leiter des Deutschen Literaturarchivs Marbach und Redakteur der «Marbacher Magazine», war beratend beim Aufbau des literarischen Programms bei Hanser tätig.

2 Mein neues Buch: «Tagebuch vom Überleben und Leben» (Insel 1978).

62 Lenz an Bender

1 «Eugen kehrt heim» in: «Jahresring 76/77»; Ausschnitt aus «Tagebuch vom Überleben und Leben».

2 «ensemble –: Internationales Jahrbuch für Literatur» im Auftrag der Bayerischen Akademie der Schönen Künste. In «ensemble 8»: HL: «Begegnungen mit Peter Handke» (dtv 1287, 1977).

3 «Tintenfisch –: Jahrbuch für Literatur» (Wagenbach); erschien von 1968–1987. Kein Beitrag von HL. ermittelt.

4 «Keine Zeit für Tränen – 13 Liebesgeschichten», hg. von Klaus Konjetzky und Dagmar Ploetz (Autoren-Edition. Bertelsmann 1976). Enthält von von HL «Ludwigs Freundin».

5 Max Fürst: (1905–1978), Tischler; 1933 KZ Oranienburg, 1935 Flucht nach Palästina, 1950 Rückkehr, lebte zuletzt in Stuttgart. Autobiographien: «Gefilte Fisch. Eine Jugend in Königsberg», 1973 und «Talismann Scheherazade – Die schwierigen zwanziger Jahre», 1976, (Hanser), in: «Jahresring 76/77» seine Prosa «Hannchen».

64 Lenz an Bender

1 «Kollegentage»: nicht in «Jahresring» veröffentlicht.

65 Lenz an Bender

1 HB gratulierte, als er erfuhr, dass HL im Oktober von der Deutschen Akademie für Sprache und Dichtung mit dem Büchner-Preis geehrt wird. – Glückwunschkarte mit Abbildung eines Gemäldes von Otto Scholderer (1834–1902) nicht erhalten.

66 Bender an Lenz

1 Brief: im Jubiläumsheft «Akzente» 1/2, 1979.

68 Bender an Lenz

1 Lehmkuhl: Buchhandlung in München-Schwabing, bekannt auch durch Leseabende mit Schriftstellern. Wann die Lesung mit HB stattfand, nicht ermittelt.

2 HB konnte nicht zur Verleihung des Büchner-Preises kommen, die, sonst traditionsgemäss in Darmstadt, diesmal ausnahmsweise in Bonn stattgefunden hatte.

3 In seiner Dankesrede erzählte HL, dass er 1932 in einer Liebhaberaufführung von «Leonce und Lena» den zweiten Diener gespielt hatte. – Die Geschichte der Verleihung im Roman «Herbstlicht».

4 HL-Artikel für die Deutsche Welle – nicht ermittelt.

69 Lenz an Bender

1 «Vorletzte Worte», hg. von Karl Heinz Kramberg, (Bärmeier & Nikel 1970), darin von HL: Wie ich ihn sehe.

72 Bender an Lenz

1 Ernst Meister (1911–1979, Hugo Dittberner (geb. 1938), Johannes Schenk (1941–2006), Oda Schaefer (1900–1988) mit literarischen Beiträgen in «Jahresring 79/80».

2 Für den «Jahresring 79/80» wurde «Nach der Niederlage» ausgewählt.

3 Jörg A. Henle (geb. 1934), Industriemanager, Vorsitzender des Gremiums Literatur im Kulturkreis des BDI.

4 Lesung in Köln wohl der Grippe wegen abgesagt.

5 Akzente-Fest: zum 25jährigen Bestehen der Zeitschrift im Cafe Campi in Köln. (existiert nicht mehr)

6 Harald Gröhler: (geb. 1938), Schriftsteller, war von 1976–1984 Vorstandsmitglied der «Literarischen Gesellschaft Köln»; zuständig für die Reihe «Literatur aktuell» der VHS.

7 Wolfgang Weyrauch (1904–1980) war in «Literatur aktuell» aufgetreten. Bestand aus drei Leseabenden: in Köln, in Brühl, in Pulheim.

75 Bender an Lenz

1 HL hat ihn am 11. 9. 81 in Braunschweig erhalten. Die Dankesrede in «Jahrbuch der Raabe-Gesellschaft 1982» (de Gruyter).

2 Ludwig Harig (1927–2018), mit HB befreundeter Schriftsteller.

3 Literaturmagazin 7: (Rowohlt 1977). Darin: Nicolas Born und
   Jürgen Manthey: «Ich habe nichts über den Krieg aufgeschrieben.
   Ein Gespräch mit Heinrich Böll und Hermann Lenz» – HL er-
   zählt u. a. von seinem Auftritt in der «Gruppe 47» im Jahr 1951.

4 Im Filmpalast: Anfang der Fünfziger Jahre in Heidelberg-Pfaffen-
   grund (existiert nicht mehr). Gehörte zu den 6 Kinos seines
   Bruders Theo. Dazu HB: «…ich war nur Verwalter und hatte eine
   Wohnung frei. Ich hatte ein kleines Gehalt. Ich musste aufpassen,
   dass das Kino richtig gefegt wurde, dass abends der Operateur da
   war und die Kassiererin und die Einlassdame, dann musste ich in
   der Kasse das Geld abholen und einschliessen.» Aus: Michael
   Buselmeier im Gespräch mit HB. In: «Erlebte Geschichte erzählt
   1994–1997» (Wunderhorn 2000).

76 Lenz an Bender

1 «Der unvergessene Krieg»: umstrittene TV-Serie der BBC, die im
   WDR im Herbst 1981 in 15 Folgen ausgestrahlt wurde.

77 Lenz an Bender

1 «Berühmter Gast»: in «Jahresring 82/83»; Ausschnitt aus dem
   Roman «Ein Fremdling» (Insel 1983).

78 Bender an Lenz

1 Hinter dem Roman-Namen Spindler verbirgt sich der berühmte
   Gast Waldemar Bonsels (1881–1952), Autor des Weltbestsellers
   «Die Biene Maja»(1912).

2 «Zeitlebens – Gedichte 1934–1980» (Münchner Edition Schnee-
   kluth 1981). Im Vorwort: «Hans Bender wollte – ums Jahr 1957
   wird's wohl gewesen sein – das Gedicht «Fund im Acker» in die
   Zeitschrift «Akzente» aufnehmen. «Mich aber reute die Sache,
   oder ich war damals allzu grau gestimmt weshalb ich ihm schrieb;

er solle es nicht drucken, was vielleicht ein Fehler war; denn, wer weiß, am Ende wäre durch dieses Gedicht schon damals jemand, der geachtet war und auf dessen Urteil viel gegeben wurde, auf meine Arbeit aufmerksam geworden.»

79 Lenz an Bender

1 bisher noch nicht genannte Freunde: Werner Illing (1895–1979) und Johannes Poethen (1928–2001).

80 Bender an Lenz

1 erschienen unter dem Titel: «Geschichten aus dem 2. Weltkrieg» (Delphin 1983), danach als Taschenbuch unter dem Titel: «Der Angriff. Geschichten aus dem Zweiten Weltkrieg» (Lübbe 1985). Enthält von HL: «Messer abliefern!» Erstmals erschienen unter dem Titel: «Brennpunkte der Erinnerung» in: «1945 – Ein Jahr in Dichtung und Bericht» (Fischer-Bücherei 664, 1965).

2 «Das Herbstbuch: Gedichte und Prosa», hg. HB. (insel-taschen-buch 657, 1982). Enthält das Gedicht: «Herbst» aus: «Zeitlebens».

82 Bender an Lenz

1 «Seltsamer Abschied» (Insel 1988).

2 Michael Krüger, der seit 1980 die Gesamtredaktion der «Akzente» innehatte, brachte in Heft 1/1988 Beiträge zum 75. Geburtstag von HL.

3 Zeile aus dem Gedicht «Liebe Zeit» in «Akzente» 1/1988.

83 Bender an Lenz

1 HL las in der Reihe «Literatur aktuell» in Köln, Pulheim und Brühl.

2 HB las am 6. 4. 1989 im Rahmen der «Weilheimer Dichterlesungen», 1980 von Friedrich Denk u. a. Deutschlehrern des Gymnasiums begründet. Dokumentiert werden die Lesungen in den «Weilheimer Heften zur Literatur».

3 HB wurde am 31. 5. 1989 mit der Wilhelm-Hausenstein-Ehrung für Verdienste um kulturelle Vermittlung von der Bayerischen Akademie der Schönen Künste ausgezeichnet.

84 Bender an Lenz

1 Der Schriftsteller Horst Bienek (1930–1990) war zu dieser Zeit Leiter der Literarischen Abteilung der Bayerischen Akademie der Schönen Künste.

2 Aus «Ideen, in Tinte getaucht. Aus dem Tagebuch» von Jules Renard (1864–1919; Winkler 1986) zitierte HB mit Vorliebe.

85 Bender an Lenz

1 Hans Bender hat die 5000 durchgestrichen und die neue Postleitzahl darüber gesetzt.

2 «Literatur als Heimat. Hans Bender zu Ehren», hg. von Hans-Rüdiger Schwab (Braun 1994). HLs Beitrag: «Ehrlich ist er» (s. Anhang). HL erwähnt darin die Zeitung *Christ und Welt*, richtig ist *Deutsche Zeitung und Wirtschaftszeitung*.

Hans Bender im Rimbaud Verlag

Jene Trauben des Zeuxis
Aufzeichnungen
Ausgewählte Werke Bd. I
1 Abb., 88 S., gebunden, 2002
ISBN 978-3-89086-714-6

Benders Aufzeichnungen kokettieren weder mit einer geheimnisvoll-pseudophilosophischen Bedeutung noch mit der abgeklärten Gebärde des Weisen, der Altersweisheit. Aber mit seiner unbestechlichen Beobachtung und mit seiner von Phantasie beflügelten Entdeckerfreude erschließt Bender seinen Lesern Welterkenntnis.

Walter Hinck (Deutschlandradio)

Benders Aufzeichnungen machen Leser hellhörig für die Implikationen (…) falscher oder richtiger Töne. Hellhörig wie Katzenohren.

Thomas Poiss (Frankfurter Allgemeine Zeitung)

Verweilen, gehen
Gedichte in vier Zeilen
Ausgewählte Werke Bd. II
96 S., fadengeh. Klappenbroschur 2003
ISBN 978-3-89086-682-4

Vierzeiler aber wollen nicht repräsentieren, nicht ihren Autor, nicht einmal sich selbst. Es sind keine anerkannten lyrischen Kunstformen, keine Haikus, keine Tankas. Sind es überhaupt Gedichte? Oder sind es Aufzeichnungen, wie sie Bender sonst auch geschrieben hat? Deren Ideal hat Bender in dem Satz gefaßt: «Einige Sätze, die etwas komprimieren und konzentrieren.» Hier in den Vierzeilern wird nicht einmal das mehr versucht: die Substanz, die zu komprimieren und zu konzentrieren wäre, ist Hauch geworden, Duft: etwas, das immer noch Sprache anlockt, Sprache, die zum Menschen gehört. «Nun kommt / ihr summenden Wörter!»

Harald Hartung

Hans Bender im Rimbaud Verlag

Wunschkost
Roman
Ausgewählte Werke Bd. III
120 S., gebunden, 2004, ISBN 978-3-89086-658-1

Rezension nach Erscheinen der «Wunschkost» 1959:

Sein Roman «Wunschkost» ist einer der besten deutschen Romane der jüngeren Generation. Bender schildert auf knappe und ergreifende Art die Schrecken der Gefangenschaft und die Herzlichkeit der Freundschaft; es ist die Geschichte von einem unter großen Opfern wunderbar geretteten Leben, das gefühllos wiederum geopfert wird. Es ist ein dichterisches Buch eines bedeutenden Erzählers.

Hermann Kesten

Der Hund von Torcello
32 Geschichten
Ausgewählte Werke Bd. IV
264 S., gebunden, 2007
ISBN 978-3-89086-571-3

Lieber Hans Bender, ich habe Ihre Erzählung «Die Wölfe kommen zurück», die mich, als ich sie zum ersten mal las, in einer der ersten Akzente-Nummern, so beeindruckt hat, jetzt noch einmal wiedergelesen. Ich fand den Text in dem alten Hanser-Erzählungsband und nun habe ich auch das ganze Buch gelesen, konnte nicht aufhören und trage es noch immer mit mir herum. Es drängt mich Ihnen zu sagen – mit unziemlicher Emphase – bis zur letzten Zeile finde ich Ihre Erzählung und auch das, was sie darüber und über sich selbst schreiben, ganz großartig! Und ich möchte es jetzt allen Menschen sagen, die mir begegnen: lest diese Erzählungen! Sie sind heute, wo unser kollektives Gedächtnis sich mehr und mehr auf das Klischierte, auf das politisch Gewünschte und Korrekte reduziert, die wahren Erzählungen vom Leben in jener Zeit … Ich wünsche mir, Sie hätten so viele Erzählungen wie Tschechow geschrieben.

Tankred Dorst

Hans Bender im Rimbaud Verlag

Eine Sache wie die Liebe
Roman
Ausgewählte Werke Bd. V
156 S., gebunden, 2008
ISBN 978-3-89086-543-0

Beim Wiederlesen längst vergessen geglaubter Bücher scheint häufig ein Blitz der Erkenntnis auf, der zwar geleuchtet, doch nie so richtig gezündet hatte. Mir ist es jetzt bei der Lektüre von Hans Benders erstem Roman «Eine Sache wie die Liebe» so ergangen: Was mir beim ersten Lesen in den fünfziger Jahren nur als zarte Liebesgeschichte erschienen war, gewann nun eine neue Dimension hinzu.

Es geht mir also bei der Betrachtung dieses Romans nicht nur um die lapidare Erzählkunst Hans Benders, sondern um die Hellsichtigkeit des Autors, die Liebe – von der er erzählt – in der sich neu konstituierenden Gesellschaft der Nachkriegszeit als das zu benennen, zu dem sie geworden ist. Ich spreche auch nicht vom Inhalt des Romans, vom Studenten Robert, der das scheue Flüchtlingsmädchen liebt, zum Studieren in die Ferne reist, andere Arten und Weisen der Liebe kennenlernt und dabei seine Jugendliebe wieder verliert, sondern von Benders Fähigkeit, dieses Phänomen in seiner zeittypischen Verflechtung erzählend zu vergegenwärtigen.

Ludwig Harig

Aufzeichnungen
2000–2007
Ausgewählte Werke Bd. VI
120 S., fadengeh. Klappenbrosch., 2014
ISBN 978-3-89086-408-2

Früher im Hanser Verlag,
jetzt im Rimbaud Verlag direkt lieferbar
(nicht über den Buchhandel)

Hans Bender
Bruderherz
Erzählungen
144 S., gebunden 1987
Carl Hanser Verlag München Wien
ISBN 3-446-14391-2

Hans Bender
Wie es kommen wird
Meine Vierzeiler
Edition Akzente, Hrsg. von Michael Krüger
80 S., Klappenbroschur, 2009
Carl Hanser Verlag München Wien
ISBN 978-3-446-23331-7

Hans Bender
Auf meine Art
Gedichte in vier Zeilen
Edition Akzente, Hrsg. von Michael Krüger
112 S., Klappenbroschur, 2012
Carl Hanser Verlag München Wien
ISBN 978-3-446-23869-5

Außerhalb der Werkausgabe erschien:

Rose Ausländer – Hans Bender
Briefe und Dokumente
1958–1995
Hrsg., Vor- und Nachwort von Helmut Braun
Transkribiert von Karin Dosch
Bukowiner Literaturlandschaft Bd. 48
Rimbaud-Taschenbuch Nr. 71
168 S., fadengeh. Broschur, 2009
ISBN 978-3-89086-517-1

Die Korrespondenz von Rose Ausländer und Hans Bender spiegelt die Beziehung zwischen einer Lyrikerin und einem Herausgeber und Kritiker, die sich beide schätzen, deren Briefe aber fast durchgängig den Charakter einer «geschäftlichen» Verbindung aufzeigen. Da ist die Dichterin, die zunächst in Deutschland vollkommen unbekannt ist (1959) und dem Herausgeber ihre allererste gedruckte Publikation hier verdankt. Die später, vor allem in der Zeit von 1971 bis 1976, trotz mehrerer Buchpublikationen ein literarischer Geheimtipp bleibt und um zumindest in Leserkreisen, die sehr an neuer Literatur interessiert sind, in Erinnerung zu bleiben, auf Drucke ihrer Gedichte in Literaturzeitschriften, Jahrbüchern und Anthologien angewiesen ist. Ihr Briefpartner ist der angesehene Herausgeber eben solcher Publikationen, den sie mit ihren Texten «versorgt», gelegentlich gar überschüttet, immer wieder auf Veröffentlichungen drängend, mit wenig Verständnis für die Situation, in der er sich befindet, der möglichst vielen Autoren gerecht werden will und muss.

Außerhalb der Werkausgabe erschien:

Hans Bender – Elias Canetti
Briefwechsel 1963–1990
Hrsg. von Hans Georg Schwark und Walter Hörner
Rimbaud-Taschenbuch Nr. 94
6 Abb., 140 S., brosch., 2016
ISBN 978-3-89086-367-2

Canetti schätzte Bender persönlich, er habe ihn «sehr gern», schrieb er an Wolfgang Kraus: «Ich glaube, man kann sagen, dass uns eine Freundschaft verbindet». Auch Bender direkt gestand er, er habe ihn «immer ganz besonders gemocht, für viele Schicksale und Qualitäten, und wenn ich den Mut gehabt hätte, zu den 50 schlimmen Charakteren auch 50 gute zu schreiben, wären Sie mehrmals darunter.»

(aus: *Sven Hanuschek: Elias Canetti. Biographie. München: Carl Hanser 2005*)

Inzwischen habe ich alle Briefe mit großem Interesse gelesen. Ich finde sie sehr schön. Obwohl manche von ihnen eher kurz sind und es darin hauptsächlich um die Veröffentlichung von Texten meines Vaters in den Akzenten / dem Jahresring geht, so sind sie meiner Meinung nach doch ein sehr wichtiges und durchaus auch persönliches Dokument für die jahrzehntelange Freundschaft meines Vaters mit Bender.

Johanna Canetti an Bernhard Albers

Briefwechsel von Autoren des Rimbaud Verlages

Alfred Kittner
Briefe mit Rose Ausländer
Hrsg. Helmut Braun
Alfred Kittner Briefe Bd. 1
Bukowiner Literaturlandschaft Bd. 34
96 S., geb., 2006
ISBN 978-3-89086-581-2

Elias Canetti
Rudolf Hartung
Briefe, Autobiographisches und Fotos
Aus dem Nachlaß von Elias Canetti
herausgegeben von Bernhard Albers
15 Abb., 80 S., Klappenbrosch., 2011
ISBN 978-3-89086-470-9

Alfred Kittner
Briefe an Alfred Margul-Sperber
1932–1966
Hrsg. von George Gutu
Alfred Kittner Briefe Bd. 4
Bukowiner Literaturlandschaft Bd. 76
Rimbaud-Taschenbuch Nr. 90
90 S., brosch., 2015
ISBN 978-3-89086-471-6

Briefwechsel von Autoren des Rimbaud Verlages

Moses Rosenkranz
Briefe an Alfred Margul-Sperber 1930–1963
mit autobiographischen sowie
literaturkritischen Dokumenten
Herausgegeben von George Guțu
Bukowiner Literaturlandschaft Bd. 77
Rimbaud-Taschenbuch Nr. 92
232 S., brosch., 2015
ISBN 978-3-89086-377-1

Moses Rosenkranz
Briefe an Kaspar Niklaus Wildberger 1978–1993
Vorwort Kaspar Niklaus Wildberger
Nachwort Bernhard Albers
Bukowiner Literaturlandschaft Bd. 8
Rimbaud-Taschenbuch Nr. 97
21 Abb., 108 S., Klappenbrosch., 2016
ISBN 978-3-89086-354-2

Bernhard Albers
Améry – Canetti – Hartung
Mit Briefen und Texten aus dem Nachlass
Kommentiert von Hanna Tröger
Mit Beiträgen von Ingrid Pohl
und Hans Dieter Zimmermann
Rimbaud-Taschenbuch Nr. 102
152 S., fadengeh. Klappenbrosch., 2017
ISBN 978-3-89086-401-3

Rimbaud Taschenbuch
(Eine Auswahl)

Nr. 42 Jan-Frederik Bandel: (Hrsg.) *Tage des Lesens.* Hubert Fichtes Geschichte der Empfindlichkeit. 160 S., brosch., 2006. ISBN 978-3-89086-600-0

Nr. 43 Christoph Leisten. *Marrakesch, Djemaa el Fna.* Prosa. 80 S., brosch., 2. Aufl. 2007. ISBN 978-3-89086-611-6

Nr. 52 Ákos Győrffy: *Aus Akutagawas Notizblock.* 80 S., brosch., 2006. ISBN 978-3-89086-598-0

Nr. 53 Perikles Monioudis. *Der Günstling der Gegenstände.* Erzählung. 80 S., brosch., 2006. ISBN 978-3-89086-617-8

Nr. 54 Georg Britting: *Die kleine Welt am Strom.* Erzählungen und Gedichte. 96 S., brosch., 2006. ISBN 978-3-89086-588-1

Nr. 55 Reinhard Kiefer: *Ein Geheimnis in Oberwald.* Geschichte. 100 S., brosch., 2006. ISBN 978-3-89086-665-9

Nr. 56 Jacob Klein-Haparash: *Die Wette.* 232 S., brosch., 2007. ISBN 978-3-89086-582-9

Nr. 59 Elisabeth Axmann: *Fünf Dichter aus der Bukowina.* Rose Ausländer; Paul Celan; Alfred Kittner; Alfred Margul-Sperber; Moses Rosenkranz. 140 S., brosch., 2007. ISBN 978-3-89086-561-4

Nr. 60 Dagmar Nick: *Rhodos, erinnert.* Reiseliteratur. 248 S., brosch., 2007. ISBN 978-3-89086-557-7

Nr. 61 André Breton. *Bindestrich.* Texte 1952–1965. 144 S., brosch., 2008. ISBN 978-3-89086-545-4

Nr. 62 Bernhard Albers (Hrsg.) *Ich ist ein Wesen, das verschwindet.* Über Reinhard Kiefer. 9 Abb., 168 S., brosch., 2008. ISBN -544-7

Nr. 63 Alfred Kittner: *Erinnerungen an den jungen Paul Celan. sowie Die Briefe an Curd Ochwadt.* 96 S., brosch., 2008. ISBN 978-3-89086-551-5

Nr. 67 Heinz Kreutz: *Erinnerungen an Stalingrad.* 14 Abb., 84 S., fadengeheftete Broschur, 2008. ISBN 978-3-89086-537-9

Nr. 69 Ulisse Dogà: *«Port Bou – deutsch?».* Paul Celan liest Walter Benjamin. 152 S., brosch., 2009. ISBN 978-3-89086-519-5

Nr. 70 Ilana Shmueli: *Zeitläufe.* Ein Brief. Mit einem Vorwort von Rob Riemen. 100 S., brosch., 2009. ISBN 978-3-89086-518-8

Nr. 72 Wieland Schmied: *Ein Irrer schreibt an einen Blinden.* Ezra Pound Studien III. 112 S., brosch., 2011. ISBN 978-3-89086-466-2

Nr. 73 Bernhard Albers: *Der Fall Michael Guttenbrunner.* Eine Verteidigungsschrift. 8 Abb., 52 S., brosch., 2011. ISBN …-464-8

Nr. 74 Joachim Jordan: *«Die Wiederbegegnung mit mir selber»* Briefe v. I. Weißglas an G. Baumann samt Briefen v. Beatrice Alexiu-Weißglas und Dok. 52 S., brosch., 2012. ISBN …-457-0

Nr. 75 Alfred Gong: *Der letzte Diktator.* Tragödie. Hrsg. und Nachwort von Bärbel Such. 106 S., brosch., 2012. ISBN 978-3-89086-448-8

Nr. 76 Friedrich Kröhnke: *Die Weise von Liebe und Tod.* Eine Novelle. 90 S., brosch., 2012. ISBN 978-3-89086-446-4

Nr. 77 Heinrich Detering: *«Der Tod ein deutscher Meister»* Immanuel Weißglas' frühe Gedichte 96 S., fadengeh. Brosch., 2013. ISBN 978-3-89086-444-0

Nr. 78 André Breton: *Pont-Neuf.* Texte 1945–1954. Übersetzt von Heribert Becker. 156 S., brosch., 2013. ISBN 978-3-89086-437-2

Nr. 79 Alfred Gong: *Nacht würgt Europa.* Tragödie in fünf Nächten. Nachw. von Bärbel Such. 104 S., brosch., 2013. ISBN …-436-5

Nr. 80 Arthur Bernède: *Belphégor, das Phantom des Louvre.* Aus dem Französischen von Heribert Becker. 372 S., brosch., 2013. ISBN 978-3-89086-435-8

Nr. 81 Bernhard Albers: *Michael Guttenbrunner. Ein Autor verschwindet.* Ein Traktat. 50 S. brosch., 2013. ISBN …-432-7

Nr. 82 Otto Greis: *Poesie der Malerei.* Aufzeichnungen und Briefe (1952–1999) 64 S. brosch., 2013. ISBN 978-3-89086-431-0

Nr. 83 Bernhard Albers: *Echnaton.* Der Untergang einer Familie. Ein Essay. 48 S., brosch., 2013. ISBN 978-3-89086-453-2

Nr. 84 Hans Dieter Zimmermann: *Französische Hauptstadt, deutsche Provinz.* Marcel Proust und der große Krieg. Bad Kreuznach und das kaiserliche Hauptquartier. 3 Abb., 272 S., fadengeheftete Broschur, 2014. ISBN 978-3-89086-406-8

Nr. 85 Bernhard Albers: *Michael Guttenbrunner posthum rehabilitiert?* 44 S., brosch., 2014. ISBN 978-3-89086-394-8

Nr. 86 Frank Schablewski: *Havarie.* Prosa. 64 S., brosch., 2015. ISBN 978-3-89086-410-5

Nr. 87 Lioba Happel: *Die Feindin.* Erzählung. 70 S., brosch., 2014. ISBN 978-3-89086-404-4

Nr. 89 Ria Endres: *Doktor Alzheimer bittet zu Tisch.* Fünf Stücke und ein Gedicht. Zeichnungen von Ingrid Hartlieb. 5 farbige Abb., 218 S., 2015. ISBN 978-3-89086-389-4

Nr. 90 Alfred Kittner: *Briefe an Alfred Margul-Sperber. 1932–1966*. Hrsg. von George Guțu. Alfred Kittner Briefe Bd. 4. brosch., 2015 ISBN 978-3-89086-471-6

Nr. 91 Reinhard Kiefer: *Die Wiedereinführung der Sprichwörter*. Prosa. Nachwort Andrea Neuhaus. 140 S., brosch., 2015 ISBN 978-3-89086-378-8

Nr. 92 Moses Rosenkranz: *Briefe an Alfred Margul-Sperber. 1930-1963*. Mit autobiographischen sowie literaturkritischen Dokumenten. Hrsg. von George Guțu. 232 S., brosch., 2015 ISBN 978-3-89086-377-1

Nr. 93 Dagmar Nick: *Medea, ein Monolog*. Prosa. 80 S., brosch., 4. Aufl. 2015. ISBN 978-3-89086-949-0

Nr. 94 Hans Bender – Elias Canetti. *Briefwechsel 1963–1990* Hrsg. von Hans Georg Schwark und Walter Hörner. 6 Abb., 140 S., fadengeheftete Broschur, 2016. ISBN 978-3-89086-367-2

Nr. 95 Hans Mayer: *Wir Außenseiter*. Nachwort Hans Dieter Zimmermann. Brosch., erscheint Sommer 2016. ISBN …-361-0

Nr. 96 Christoph Leisten: Argana. Notizen aus Marokko. 152 S., fadengeh. Brosch., 2016. ISBN 978-3-89086-433-4

Nr. 97 Moses Rosenkranz: *Briefe an Kaspar Niklaus Wildberger 1978–1993*. 21 Abb., 108 S., Klappenbrosch., 2016 ISBN 978-3-89086-354-2

Nr. 98 Bernard Schultze: *Minotaurus vernichtet alle, die ihm nahekommen*. Ges. Aufsätze zur Malerei 1957–1994. (Über Malerei Bd. 1) 112 S., brosch., 2017. ISBN 978-3-89086-360-3

Nr. 99 Guido Bachmann: *Wannsee*. Mit Erzählungen von J. Buchmann u. R. Kiefer. 64 S., fadengeh. Klappenbrosch., 2016 ISBN 978-3-89086-375-7

Nr. 100 Bernhard Albers: *Der Mensch ist nichts*. Hubert Fichte in seiner Zeit. Eine Polemik. 11 Abb., 40 S., fadengeh. Klappenbrosch., 2016. ISBN 978-3-89086-355-9

Nr. 101 Alfred Gong: *Zetdam*. Ein Satyrspiel. 146 S., brosch., 2017. ISBN 978-3-89086-346-7

Nr. 102 Bernhard Albers: *Améry – Canetti – Hartung*. Mit Briefen und Texten aus dem Nachlass. 152 S., fadengeh. Klappenbrosch., 2017. ISBN 978-3-89086-401-3

Nr. 103 Josef Burg: *Mein Czernowitz*. Erzählungen. 144 S., Klappenbrosch., 2018. ISBN 978-3-89086-337-5

Nr. 104 Georg Drozdowski: *Odyssee*. XXX. Gesang. 64 S., Klappenbrosch., 2018. ISBN 978-3-89086-338-2

Nr. 105 Ekkehard Hieronimus: *Wilhelm von Gloeden*. Photographie als Beschwörung. (Bibliothek des Blicks Bd. V) 12 Abb., 112 S., Klappenbrosch., 2018. ISBN 978-3-89086-336-8

Nr. 106 Thomas Stölzel: *Aus den Notizbüchern eines Menschenforschers*. Prosa. 100 S., brosch., 2018. ISBN 978-3-89086-335-1

Nr. 107 Mohammed Khallouk: *Salam Jerusalem*. Vorwort Marc Thörner. 24 Abb., 94 S., Klappenbrosch., 2. erweiterte Aufl. 2018 ISBN 978-3-89086-342-9

Nr. 108 Arnolt Bronnen: *Septembernovelle*. 52 S., Klappenbrosch., 2018. ISBN 978-3-89086-332-0

Anhang

Hermann Lenz. *Ehrlich ist er*

aus: Literatur als Heimat. Hans Bender zu Ehren.
Hrsg.: Hans-Rüdiger Schwab
Karlsruhe: G. Braun 1994

Hans Bender: Anfänge sind schön

aus: Hermann Lenz zum 80. Geburtstag. Festschrift,
hrsg. Thomas Reche und Hans-Dieter Schäfer
Passau: Thomas Reche 1993
Verlag Thomas Reche Neumarkt / Oberpfalz

Rimbaud-Taschenbuch Nr. 109
Hrsg. von Bernhard Albers

Für den Umschlag benutzte Abbildungen:
Hans Bender: privat
Hermann Lenz: © Suhrkamp Verlag

Der Rimbaud Verlag dankt:
der Hermann-Lenz-Stiftung, München,
der Bayerischen Staatsbibliothek, München,
dem Literaturarchiv, Sulzbach-Rosenberg,
dem historischen Archiv der Stadt Köln,
Christoph Leisten, Würselen und
Micheline Schöffler, Darmstadt.

Bibliografische Information der Deutschen Nationalbibliothek
Die Deutsche Nationalbibliothek verzeichnet diese Publikation
in der Deutschen Nationalbibliografie; detaillierte bibliografische Daten
sind im Internet über http://dnb.dnb.de abrufbar.

© 2018 Rimbaud Verlagsgesellschaft mbH
Postfach 10 01 44, D-52001 Aachen
Umschlaggestaltung: Jürgen Kostka, Aachen
Layout: Walter Hörner, Aachen
Schrift: Stempel Garamond
Druck und Bindung: Interpress, Budapest
Säurefreies Papier
Printed in Hungary
ISBN 978-3-89086-328-3
www.rimbaud.de